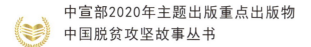

中宣部2020年主题出版重点出版物

中国脱贫攻坚故事丛书

中国脱贫攻坚

岳西故事

国务院扶贫办　组织编写

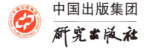

中国出版集团

研究出版社

图书在版编目 (CIP) 数据

中国脱贫攻坚 . 岳西故事 / 国务院扶贫办
组织编写 . –– 北京 : 研究出版社 , 2020.11
ISBN 978–7–5199–0630–6

Ⅰ . ①中… Ⅱ . ①国… Ⅲ . ①扶贫 – 工作经验 – 案例 –
岳西县 Ⅳ . ① F126

中国版本图书馆 CIP 数据核字 (2019) 第 088117 号

中国脱贫攻坚 岳西故事
ZHONGGUO TUOPIN GONGJIAN YUEXI GUSHI

国务院扶贫办 组织编写

责任编辑 : 寇颖丹

研究出版社 出版发行
（ 100011 北京市朝阳区安华里 504 号 A 座）

河北赛文印刷有限公司 新华书店经销

2020 年 12 月第 1 版 2020 年 12 月北京第 1 次印刷
开本 : 787 毫米 × 1092 毫米 1/16 印张 : 11.5
字数 : 155 千字

ISBN 978 – 7 – 5199 – 0630 – 6 定价 : 46.00 元

邮购地址 100011 北京市朝阳区安华里 504 号 A 座
电话（ 010 ）64217619 64217612（发行中心）

"中国脱贫攻坚　岳西故事"编审指导委员会

主　任： 刘永富　谭　跃

副主任： 欧青平　洪天云　陈志刚　夏更生　黄志坚

委　员： 海　波　陈武明　苏国霞　王光才　黄　艳　左常升

曲天军　杨　炼　许健民　桑　明　黄承伟　刘俊文

李富君　陆春生　李　岩　陈永刚

评审专家组： （按姓氏笔画排序）

于鸿君　王晓毅　艾四林　左　停　叶敬忠　向德平

刘晓山　张　琦　张志明　张丽君　陆汉文　和　龚

郑风田　郝振省　曹　立

"中国脱贫攻坚故事"丛书编写工作组

骆艾荣　阎　艳　吕　方　李海金　陈　琦

刘　杰　袁　泉　梁　怡　孙晓岚

《中国脱贫攻坚　岳西故事》编委会

主　　　任： 储耀华

副 主 任： 许洪斌

执行副主任： 黄啸虎　杨效东

成　　　员： 储　青　吴传兵　储劲松　徐进群　胡戴平

林智勇　储建军　黄亚明　王云峰

摄　　　影： 岳西县委宣传部　岳西县扶贫办

目 录
CONTENTS

序 言
PREFACE

筑梦新岳西

红色岳西，彪炳青史。

岳西，地处纵横千里的大别山腹地、皖西南边陲，是长江、淮河流域的分水岭，是华东地区的"绿肺"。岳西，是红三十四师的诞生地，红军中央独立第二师的组建地，红二十八军的重建地，鄂豫皖根据地的重要组成部分，鄂豫皖三年游击战争的中心和大本营，新四军第五师和第七师的根据地，刘邓大军千里跃进大别山的重要战略支撑点。在新民主主义革命时期，13万岳西儿女抛头颅洒热血、叱咤风云，近4万烈士前赴后继、为国捐躯。父送子，妻送郎，踊跃参战；一杆枪，三代传，共赴国难。在社会主义建设时期，岳西人民砥砺前行，甘于奉献，伐木援建，报效祖国。在改革开放的今天，为给华东地区保存一片原生态净土，岳西舍弃了许多难得的工业化发展机遇。

蕴文采，毓英雄。刘伯承、邓小平、李先念、徐海东等老一辈无产阶级革命家曾征战于此。刘伯承、邓小平率大军千里挺进大别山，展开战略大反攻，实施中原大决战。徐海东率领军威雄壮的红二十五军建立苏维埃，开辟根据地，孤军长征，军旗蔽日漫天红。

岳西境内，天羊山脉、青四山脉、多丛山脉，构成"大"字形山脊控制全境。这些山脉又孕育联结着无数的山：海拔1000米以上山峰69座，500至1000米山峰66座。有山必有峰，有峰必有壑。千百年来，峰壑之间，林木蓊翳，山民日出而作，日落而息。"出门便爬坡，吃粮靠肩驮，农闲背被儿，男儿难娶婆。"这首流传至久的民谣，诉说着当年的辛酸。

在诗人和画家的眼里，绿水青山的岳西是人间仙境。

在县委县政府看来，40万山民要吃饱穿暖，要发家致富，任重道远。

这个安徽省唯一集革命老区、贫困地区、纯山区、生态示范区、生态功能区"五区"于一体的县份，由于历史、自然等因素，一直是全省以及大别山区29个国家级贫困县中贫困人口最多、贫困面最大、贫困程度最深的县份之一。1985年被列为首批国家重点贫困县，当时绝对贫困人口24.7万，占总人口的72.3%。2012年，被列为大别山片区和国家扶贫开发工作重点县。2014年，建档立卡贫困户有36367户110473人，贫困村有65个。

党和国家没有忘记岳西，没有忘记老区人民。连续八任安徽省委书记都把岳西作为扶贫联系点，棒棒接力，殷殷嘱托，只为两个字：脱贫！

缅怀红军之丰功，寻觅先辈之足迹。岳西人树信仰，铸军魂，存浩气，筚路蓝缕，艰苦奋斗，依靠群众，敢闯新路，豪情满怀，将老区精神、红色基因代代传扬。

2016年2月2日，习近平总书记发出指示："在全面小康的进程中，决不让一个贫困群众掉队！"革命的薪火代代相传，岳西人又顽强奋进在战贫求富的崎岖山道上。

思路决定出路，眼界决定境界。岳西人因此热血沸腾，全县上下深入学习贯彻习近平总书记关于扶贫工作的重要论述，强化政治担当，咬定总攻目标，把握精准方略，注重"志智双扶"，着力实施"十大工程""十大产业"，持续开展"重精准、补短板、促攻坚"专项行动，把经得起历史检验、人民满意作为脱贫攻坚的工作标准，以"指尖绣花"的功夫、"燕子筑巢"的恒心、"蚂蚁啃骨"的韧劲，攻克坚中之坚、难中之难，以实际行动兑现对人民的庄严承诺。

数年辛苦不寻常，砥砺前行写华章。在这场脱贫攻坚战役中，岳西广大干群经受了巨大的考验，也取得了辉煌的成绩。2018年8月8日，这个英雄烈士辈出的县份，迎来了一个重要时刻——岳西县退出贫困县序列！

让绿水青山变成金山银山，这是一场绿色发展的深刻变革。岳西，因为创新发展，书写了中国反贫困战场上的"岳西样本"。

让老区人民过上好日子，这是共产党人的夙愿。

风雨有情酹壮志，剑指寥廓更豪迈。百年梦圆，梦想终于结出了累累硕果。

见微知著，中国梦想。岳西实现脱贫，是中国梦在中西部贫困山区、革命老区的现实折射。岳西不是为了脱贫而脱贫，不是为完成任务而脱贫，脱贫攻坚是推进乡村振兴、奠牢小康之基的必由之路。当无数个"岳西"心手相连，共同摆脱贫困、走向小康，才是真正实现中国梦、富强梦。

着先鞭以风发，舒劲翮以云腾。岳西，一个历经洗礼、永垂史册的精神领地，一个日新月异、活力四射的开放胜地，一个海纳百川、客商心动的投资高地，一个看一眼就会爱上它的宜居佳地，一个"望得见山，看得见水，记得住乡愁"的生态福地，正以大别山老区精神奋力谱写民丰物阜、百业腾骧的动人篇章。

岳西县城气象万千——岳西县城晨曦

岳西县境内首条穿越大别山腹地的济广高速

一抔热土
一抔魂

第一节　红色土地，绿色海洋

　　岳西县地处大别山腹地，古属吴头楚尾，位于安徽省西南部，西与湖北省交界，东距安庆117公里，北距合肥197公里，西距武汉230公里。全县总面积2372平方千米。全县辖24个乡镇，182个行政村，6个居委会，2018年末总人口41.36万人，是安徽省唯一集革命老区、贫困地区、纯山区、生态示范区、生态功能区"五区"于一体的县份。

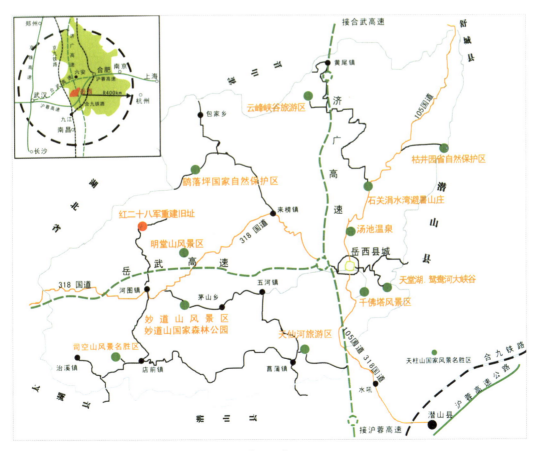

岳西区位图

千山万壑

一、千山万壑，灵山秀水

岳西县是大别山区唯一的纯山区县，总地势属全国第三阶梯中的中低山区。西北角地势居高，由主峰多枝尖向东、南倾斜下降，地形以中低山地为主体，沿北、东、南方向分布着河流、盆地、山前丘陵。境内3条山脉构成海拔千米以上的斜"大"字形山脊，知名的千米以上山峰69座。全县大小河流900余条，分属长江流域皖河、巢湖、菜子湖水系和淮河流域淠河水系，出境河流8条，入境支流3条，多年平均径流量21.87亿立方米。县内遍布绿色植被、茂密森林，森林覆盖率76.1%，地表水水质、空气质量、土壤质量、声环境质量良好，是国家级生态县。山场多、田地少，2017年全县耕地总面积1.99万公顷，人均耕地面积0.72亩。

二、红色圣地，一方热土

岳西历史上分属潜山、太湖、霍山、舒城4县。1936年，国民党当局为清剿红军、强化统治，划并潜山、霍山、太湖、舒城4个县的边界接合部建县，因县域位于古南岳天柱山之西，故名"岳西"。

灵山秀水

岳西历史文化积淀深厚。五河王上屋和温泉祠堂岗等古遗址表明，新石器时代岳西地域已有先民栖息。5000多年的历史，给岳西留下了丰富的文化积淀。全县有大量的古遗址、古墓葬、古寨址、古建筑、石刻石雕。响肠镇法云寺塔被列为全国重点文物保护单位。中共安徽省委首任书记王步文故居、红军中央独立第二师司令部旧址（汪氏宗祠）、红二十八军重建会议旧址、温泉牌坊等14处被列为省级重点文物保护单位。大别

中共安徽省委首任书记王步文

山烈士陵园被列为全国重点烈士纪念建筑物保护单位。岳西高腔、桑皮纸制作技艺被列为国家级非物质文化遗产保护项目。风景如画的司空山因战国时淳于大司空辞官归隐于此山而得名，李白等历史名人曾在此留下不少诗篇和石刻。

大别山烈士陵园

风景如画的司空山

第二节 路是小鸡肠，家无隔夜粮

一、贫困原因及状况

岳西一直是安徽省贫困面最大、贫困程度最深的县份之一。

从历史角度看，革命战争年代牺牲巨大，近 4 万人为国捐躯，占当时人口的四分之一，绝大部分是青壮年劳动力，直接和间接影响了经济社会发展。

从自然生态角度看，县域经济发展空间小。岳西属于国家重点生态功能区，禁止大规模开发，严格执行"三不原则"（不允许引进破坏生态资源的项目，不允许引进高污染的项目，不允许引进低产能、低效益项目），拒绝

破旧的土坯房（老照片）

了一批工业招商项目，公共财政预算收入低，可用财力小，新型农业经营主体发展不足，特色产业品牌影响力不高。

从发展需求看，农村道路、水利等基础设施建设需求量大面广，基础设施建设欠账多，对外主要通道仅靠济广高速，偏远村组道路通达程度差；教育、医疗等公共服务水平低。

山区山多地少、土壤贫瘠。北纬30°赐予了大自然的美丽，也带来了变幻无常的气候，泥石流、旱灾、"青封灾"等自然灾害频发，农民感叹种粮食是"种一坡，收一锅"，再怎么辛苦，也难以填饱肚子。在不少山里人的印象中，家乡就一个字——穷，每年稻谷收割的前3个月，很多村民都要出去讨粮吃。

1985年，岳西被列为首批国家级贫困县，当时绝对贫困人口24.7万，占总人口的72.3%。2012年被列为大别山片区和国家扶贫开发工作重点县。由于岳西县底子薄、自身发展动力不足，到20世纪末贫困面仍然很大、贫困程度仍然很深。交通闭塞、信息不通，不少行政村只有一条3米宽的泥土路，路边随处可见鸡舍、猪圈、牛栏、草棚、柴堆，晴天灰尘满天，雨天污水横流。农民住的基本是土坯房，甚至是茅草房，一下大雨，房子到处漏水，连睡觉的地方都没有。缺衣少穿是常事，最贫困的人家，几口人只有一条棉裤子，谁出门谁穿。村级集体经济基本为零，不少村村部破旧，连开会的桌椅都没有。

"路是小鸡肠，家无隔夜粮。墙是土坯墙，房顶通通亮。""出门便爬坡，吃粮靠肩驮，农闲背被儿，男儿难娶婆。"这两首民谣，就是当年岳西贫困状况的生动写照。

二、贫困人口数量及分布

2014年岳西农村户籍人口361935人，建档立卡贫困户36367户110473人，贫困村65个。2014年、2015年分别脱贫27482人、33167

人；2016 年脱贫 31134 人，出列 56 个贫困村；2017 年脱贫 14053 人，出列 9 个贫困村；2018 年脱贫 1519 人。当前贫困人口 2148 人，贫困发生率降至 0.59%。

岳西县贫困人口分布图

02
Chapter

不破楼兰
终不还

第一节 尽锐出战，攻城拔寨

岳西县历届县委、县政府高度重视扶贫开发工作，一届接着一届干，一年接着一年抓，"不翻烧饼"，连续11年以县委、县政府1号文件锁定扶贫开发工作，探索并完善了一条具有岳西特色的扶贫开发之路。

决战决胜脱贫攻坚誓师大会

2014年以来，岳西县深入学习贯彻习近平总书记关于扶贫工作的重要论述，全面贯彻落实中央决策部署，坚持精准扶贫、精准脱贫基本方略，把脱贫攻坚作为头等大事和中心任务，万众一心，众志成城，创新举措，狠抓落实，坚决打赢脱贫攻坚战，以脱贫攻坚推进乡村振兴、筑牢小康之基。

2014 年 10 月，岳西县选派 65 名第 6 批干部到全县 65 个贫困村任职，担任村党组织第一书记、驻村扶贫工作队队长。2015 年 7 月，再次增派 6 名干部到 6 个软弱涣散的非贫困村任党组织第一书记兼驻村扶贫工作队队长。

2016 年 1 月 5 日，为切实加强对全县脱贫攻坚工作的领导，岳西县成立脱贫攻坚指挥部。县委书记、县长同任指挥长，统筹全县脱贫攻坚工作；县委副书记、分管扶贫副县长同任常务副指挥长，负责脱贫攻坚工作全面落实。

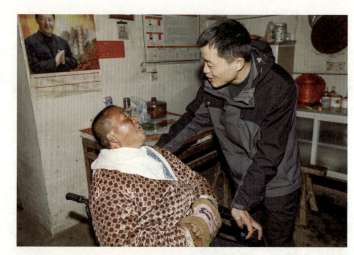

来榜镇枫树村扶贫工作队队长汪云峰（右）走访贫困户汪和胜

各乡镇、村结合实际成立脱贫攻坚指挥部及办公室。县乡村三级逐级签订年初责任书，年底兑现"军令状"，落实政治责任和工作责任。出台《全县聚焦聚力脱贫攻坚实施方案》，实行所有力量、所有工作、所有资源"三个聚焦聚力"。

2016 年 6 月，岳西县从县直单位选派 21 名科级优秀年轻干部到乡镇挂任脱贫攻坚专职副书记，挂职期间专职从事脱贫攻坚工作。2016 年 9 月，向其余 111 个非重点贫困村选派驻村扶贫工作队队长，实现扶贫工作队队长 186 个村（居）全覆盖。2018 年 4 月，选派 84 名第 7 批干部到贫困村任职。

县四套班子全体负责同志分别联系 1 个乡镇，县委书记、县长分别再负责联系地处偏远、经济基础薄弱的和平乡、田头乡。

菖蒲镇岩河村扶贫工作队队长朱鸣节（右）与贫困户朱成中（左）交谈

第二节　奖赏"黄牛"，鞭打"蜗牛"

　　岳西县高质量脱贫摘帽，得益于在精准扶贫之初就形成了一套完整系统的脱贫攻坚工作机制。

一、"双包"机制

　　建立"单位包村、干部包户"定点帮扶制度，对全县186个村（居）都确定一个定点帮扶责任单位，每个建档立卡贫困户都确定一名帮扶责任人。通过开展"双包"定点帮扶，进一步强化包村帮扶单位和包户干部的扶贫责任，广泛调动各方力量参与脱贫攻坚，帮助贫困村和贫困户发展生产，改善生活条件，提高自我发展能力，加快脱贫致富步伐。

二、考核机制

　　构建科学的脱贫攻坚考核机制，有效督导政府及部门的脱贫攻坚工作。

1.定期调度机制

　　从2015年到2018年，岳西先后出台《岳西县决战贫困定期调度制度》《岳西县决战决胜脱贫攻坚定期调度实施方案》，对调度类别进行再细化，对调度领导进行再明晰，使调度方式更多元。如图所示：

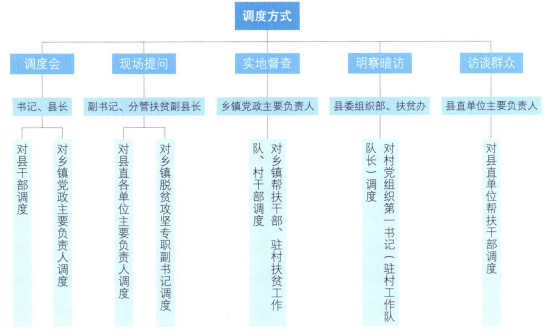

岳西县决战决胜脱贫攻坚定期调度方式示意图

2. 督导考核机制

先后制定扶贫开发工作考核办法、脱贫攻坚责任目标考核办法等多项文件，部署落实全县脱贫攻坚督导考核工作。

三、奖惩机制

健全目标管理制度，围绕脱贫攻坚一号工程，构建正向、反向双重干部激励系统，从激励主体、客体、目标、途径 4 个关键要素入手，打造了正反向双重激励体系。

1. 正向激励

县委组织部提拔重用扶贫干部文件

建立健全新时代脱贫攻坚正向激励体系。出台《关于加强和改进新时代优秀年轻干部培养选拔工作的实施意见》《关于新时代干部容错纠错机制实施办法》《关于推进新时代领导干部能上能下实施办法（试行）》《关于进一步加强新时代干部谈心谈话的规定》《关于新时代进一步关心关爱干部的实施意见》5个干部工作文件，从精准培训、容错纠错、能上能下、谈心谈话、关心关爱等方面激励干部。实施脱贫攻坚干部正向关怀激励8条措施，激发各级干部勤勉干事、担当干事、激励干事，营造上下齐心协力推进脱贫攻坚的浓厚氛围。

2014年以来，岳西县共计提拔重用脱贫攻坚一线干部223人，其中选派干部26人，乡镇脱贫攻坚专职副书记4人。

2. 反向鞭策

"蜗牛奖"奖牌

设立"蜗牛奖"。成立岳西县效能建设"蜗牛奖"认定小组，明晰界定6种"获奖"情形，被认定该奖的单位，由认定小组对其整改落实情况及执行全程跟踪督查。对于整改达到时序进度的，次月县委常委会议上取消其"蜗牛奖"，对整改不力或无明显成效的，继续保留此奖。"蜗牛奖"的设立，有效抑制了不作为、慢作为、不担当现象。自2016年设立"蜗牛奖"以来，岳西县共向乡镇7次、县直单位6次发放该奖。

实行"一票否决"。岳西县脱贫攻坚"一票否决"内容主要为4类：因脱贫攻坚工作不实而发生恶劣的上访事件，造成严重不良社会影响的；上级对县党政领导班子和主要负责同志脱贫攻坚工作成效考核未达到A级的；未完成脱贫攻坚任务或在全县连续两次都是末位的；帮扶单位整年未开展帮扶活动的。

四、专班制度

全国首创脱贫攻坚工作专班制度。2018 年 3 月至 6 月，从县直单位抽调 1474 名干部职工，组建 186 个工作专班，全部驻村开展工作，实现全县 182 个村和 4 个有扶贫任务的社区全覆盖。各专班围绕"认真学、户户到、事事清、问题解、不过夜、回头看"的工作要求，对全县贫困户和非贫困户开展全覆盖大走访大排查，了解问题和诉求。

第三节　薪火相传，棒棒接力

1989 年，时任安徽省委书记卢荣景到岳西姚河乡调研，把姚河乡作为联系点，并确立了"消灭荒山、植树造林、生态立县"的发展思路，岳西自此踏上一条绿色减贫之路。

这是省委书记亲自联系帮扶岳西的开始。

20 世纪 90 年代末，岳西缸套厂职工生活困难，原省委书记回良玉现场指导企业改革。一年后，缸套生产量、产值、利润和纳税达到历史最高水平。

"尊重自然规律、尊重市场规律、尊重群众意愿。"2002 年 11 月，时任省委书记王太华到岳西调研，为产业发展把脉。随后，一场"水田种茭白、旱地种蔬菜、荒山种茶桑"的产业结构调整大会战在岳西全面拉开。

"要咬住特色不放松，瞄准特色做文章，大力扶持有特色、有优势的产业和产品，做大做强。"2005 年 1 月，时任省委书记郭金龙为岳西谋划出路。

"念山水经、发资源财、走生态路、建小康县。"2008 年 8 月，时任省委书记王金山为岳西打好生态牌指点迷津。

"在全省率先打造生态文明、绿色发展、美好乡村、扶贫开发'四个示范'县。"这是时任省委书记张宝顺在 2012 年走访岳西时的期待，如今变成了现实。

2016 年，时任省委书记王学军殷切希望，岳西要率先脱贫，打造全省示范。

2013 年至 2016 年，现任省委书记李锦斌在时任省委副书记和省长期间，三次深入岳西走访调研。2014 年，李锦斌在岳西调研后，提出走好生态发展、旅游发展、创新发展三条道路。实践证明完全可行：全县发展农民专业合作社 1309 家；岳西翠兰品牌价值已达 13.76 亿元；特色农林业产业基地面积达 68.7 万亩；茭白基地是全国最大的高山无公害茭白基地……

山沟沟里的群众是八任省委书记最惦记的人。省委书记带头深入最偏僻、最贫穷的村，与基层干部群众"零距离"接触，了解他们的所思、所想、所盼。

在贫困村蹲点，与村民同吃同住同劳动是安徽省委书记接力扶贫的常

2016 年 11 月 11 日至 13 日，李锦斌在岳西蹲点时与群众座谈

态。安徽省委在全国率先开展"五级书记带头大走访"活动，张宝顺三次深入岳西县走访，并且在姚河乡驻村；王学军在岳西县白帽镇土桥村驻村蹲点，共话民生冷暖，共商脱贫致富良策。

2016年11月，李锦斌在岳西蹲点走访后强调，岳西发展态势很好，已经站上了新的发展起点。面对新形势新任务，要把脱贫攻坚作为重大政治任务，勇当绿水青山与金山银山相统一的县域创新发展排头兵和生态文明、脱贫攻坚、美丽乡村、基层党建"四个先锋"。

安徽省委办公厅主动挑最难的点，啃最硬的骨头，在联系姚河乡的基础上增加帮扶头陀镇。

2017年11月10日至11日安徽省委副书记、省长李国英（中）在岳西走访贫困户

2018年3月20日至21日，安徽省委常委、省委秘书长陶明伦（中）在岳西县调研脱贫攻坚工作

2018年2月27日，安徽省副省长张曙光（右二）到岳西调研脱贫攻坚工作，图为张曙光走访岳西县来榜镇易地扶贫搬迁户王蜡香

安庆市委书记魏晓明（右二）到菖蒲镇岩河村、水畈村驻村入户调研脱贫攻坚工作

2018年4月3日，安庆市市长陈冰冰（中），市委副书记陈爱军（右一）等在岳西县黄尾镇调研美丽乡村、旅游扶贫工作

■ 故事：最难忘的一天

2017年7月5日，是陆文英最难忘最幸福的一天。这天，省委书记李锦斌来看她了。

陆文英是岳西县田头乡泥潭村建档立卡贫困户，上有公婆，下有儿女，生活一度极为困难。为了早日脱贫，丈夫常年在外务工，她在料理家务的同时，牵头建起了扶贫工厂，带领一班姐妹们上班，每月可以挣到3000元。

这天，李锦斌书记来村里察看脱贫攻坚工作情况。在扶贫加工厂，听到机器轰鸣，看到工人忙忙碌碌，李锦斌很高兴，来到陆文英身边，看她熟练地操纵机器，微笑着点头。李锦斌一边看，一边聊家常，在了解其家庭情况后，亲切地说："小陆勤劳致富，克服家庭困难，既照顾老小，又上班挣钱，还带领身边的姐妹脱贫奔小康，很不错。这也是我们各级政府期待看到的结

李锦斌（右二）和陆文英交谈中

果，希望大家都向小陆学习，利用自己的智慧和勤劳的双手发家致富，过上好日子。"

"做梦都没想到，李书记能真的来到身边，而且是那样平易近人。"陆文英说，"今后我要和姐妹们团结友爱，更加努力地把扶贫工厂办好，带领更多的乡亲脱贫致富，决不辜负李书记的鼓励和厚望。"

03
Chapter

开对药方，
拔掉穷根

第一节　扣好"第一粒扣子"

脱贫攻坚贵在精准、重在精准，成败之举在于精准。扣好"第一粒扣子"非常关键。

一、靶向精准，瞄准了再打

冶溪镇大山村是岳西县 65 个贫困村之一。该村船形组村民张建成患心脏病，妻子有类风湿疾病，全家基本无劳动能力，也没有专业技术。他家门前的脱贫信息牌上，在产业发展一栏写着：养殖有机黑猪 4 头、土鸡 20 只，发展光伏发电，和村集体共同发展肉驴养殖。

张建成介绍他家收入情况

"这些措施都是镇村干部为我家定制的，他们多次来我家，房前屋后看个不停，问得可仔细了。"张建成指着牌子介绍说，"镇村包点干部和县直单位结对帮扶人员隔三岔五就上门来，询问家里近期的状况，了解脱贫措施落实情况，帮助谋划下一步发展。"

2014 年建档立卡时，岳西县以农民人均纯收入为基本依据，综合考虑住房、教育、健康等情况，创新实行比家庭收入、看经济来源，比家庭资产、看消费水平，比家庭劳力、看劳动观念，比生活环境、看居住条件，比贫困程度、看致贫原因及有残疾人的家庭、独生子女家庭、纯女户家庭优先的"五比五看三优先"政策，科学确定建档立卡贫困户。

2015 年 6 月进行评选程序、评选标准、相关信息、档案资料"四个回头看"。

2016 年初，为摸清贫困户底数，开展"三清行动"。清家庭状况，准确掌握贫困户的家庭人口构成、身体素质状况及交通、安全饮水、居住等生产生活状况，弄清贫困源；清家庭收入，准确掌握贫困户的家庭经营性收入、工资性收入、财产性收入、转移性收入等，确保贫困户收入准确真实，盘清明细账；清脱贫措施，全面掌握贫困户在基础设施、生产发展、生活改善、能力提升、政策惠及和"五个一批"扶贫行动计划等方面的实际需求，并以需求为导向，帮助贫困户梳理制定具体的脱贫措施。

2017 年开展"精准核查月"活动，核查是否存在该列入贫困户的未列入、不该列入贫困户的被列入、该脱贫的未脱贫、不该脱贫的脱贫等不精准的问题。

2018 年 9 月开展以"七个不落一个不少"和"四不脱"为主要内容的"大走访、大排查、大整改"活动。

安庆市委常委、岳西县委书记周东明说："只有盘清明细账，明晰贫困源，瞄准了再打，脱贫攻坚战才能靶向精准，脱贫措施才能更有效。"

安庆市委常委、岳西县委书记周东明（右一）在主簿镇走访农户

岳西县委副书记、县长江春生（左）上门核实贫困户信息

司空山下采茶忙

二、精准管理，实现真脱贫

严格执行退出标准和工作流程，坚持目标标准，既不降低标准、影响质量，也不调高标准、吊高胃口，对达到脱贫标准的贫困户、贫困村予以退出，切实做到程序公开、数据准确、脱贫真实，确保实现真脱贫、脱真贫。坚持应纳尽纳、应扶尽扶，不搞规模控制和"一刀切"，严格"两评议两公示一比对一公告"程序，增加贫困户申请、村民小组（群众）评议的程序，每年集中设立申请日、票决日、公示日，力求"零漏评""零错退"。全国首创对已脱贫户颁发脱贫光荣证、发放产业发展奖励资金 300 元 / 户，对出列村一次性安排项目奖励资金 10 万元，实行"扶上马、送一程"。

第二节　十大产业助力攻坚战

岳西地处深山，老区人民在战贫求富的道路上，敢闯敢试，因地制宜，探索出一条适合山区发展的特色产业之路。以茶叶、蚕桑、蔬菜、林药、养殖、构树、旅游、劳务、电商、光伏"十大产业扶贫"为抓手，推进"四带一自"模式，实现村有当家产业、户有致富门路。

游客开心采摘猕猴桃

生态养殖

蚕茧大丰收

盛夏时节，石关乡马畈村茭白长势喜人

"今年瓜蒌又能卖不少钱了！"

一、茶树长出"金叶子"——茶叶扶贫

　　岳西将茶产业作为农业结构调整第一主线、农民增收第一渠道、农村经济第一产业，着力实施品牌、品质、产业化、市场化、信息化"两品三化"发展战略，茶产业已成为岳西农村经济支柱产业。全县茶园面积 16.97 万亩，2018 年产茶达 5655 吨、产值 6.64 亿元。相继获得全国重点产茶县、中国名茶之乡荣誉。岳西翠兰荣获中国地理标志保护产品，品牌价值 18.21 亿元，多次作为国礼赠送给外国元首，被誉为"国宾礼茶"。

岳西翠兰获颁中国地理标志保护产品

外交部感谢信

岳西翠兰入选"国宾礼茶"

■ 故事一：茶产业助脱贫气势恢宏

"我家之前是贫困户，通过发展茶叶脱了贫，现在有5亩茶，每年单是茶叶一项就能增收两万元左右。"菖蒲镇菖蒲村铁炉组程贤宏说。

2015年，菖蒲镇通过招商引资，让福建客商到当地溪沸村投资创办了岳西县徽宏茶业开发有限公司。该公司主要从事茶叶加工、夏秋茶及红茶研发。其红茶品质良好，深受海外客商青睐。

公司年产红茶65吨，主要销往东南亚、中东等国际市场，年创汇325万美元。除了企业自身发展以外，还调动了当地茶农特别是贫困茶农的积极性。茶农在其引导下，每年有稳定的收入。

一到茶季，该公司大量收购茶农采摘的鲜叶，并且收价高于市场价格，当地群众增收得到了有效保障，极大带动了该镇及周边乡镇的茶产业发展，为响肠、田头、五河、中关等乡镇6000户群众带来了新的增收渠道。

贫困村民在徽宏茶厂车间上班

2018 年茶季期间，徽宏公司共安排 20 余名贫困村民参与基地管理和车间作业，带动贫困人口人均年增收 6000 元左右。

徽宏公司积极带动村级集体经济增收和茶产业发展。2017 年起，连续两年同田头、菖蒲两乡镇 13 个村达成茶叶深加工合作意向，由 13 个村的集体经济组织向县农投公司申请扶贫批发贷款 1000 万元，支持徽宏公司用于鲜叶收购加工，徽宏公司年付 7% 分红给各个村级集体经济组织，用于各村支持特色产业发展和帮助贫困户增收脱贫，并在劳务用工、鲜叶收购等方面给予优先统筹安排。

岳西县包家乡石佛村石翠茶叶合作社，社员喜领分红

二、户均五亩桑，脱贫奔小康——蚕桑扶贫

岳西县始终坚持"政府扶持、龙头支撑、市场运作、大户带动"的产业发展模式，推进蚕桑产业发展。全县现有桑园 6.5 万亩，年产鲜茧 3176 吨，

产值 1.44 亿元。生产规模连续 9 年位居安徽省第一，带动全县 1.67 万农民走上致富路。

■ 故事二："破茧成蝶"引领脱贫路

毛尖山乡位于"中国蚕桑之乡"岳西县的东大门，栽桑养蚕历史悠久，蚕桑是当地农户的主要收入来源。

储兵奇是村里的能人，养蚕 30 多年，经验丰富，家里靠养蚕富起来，每年收入 10 多万元。凭多年经验，他认识到养蚕技术要求高，没有一定的技术碰到天气不正常的年份，不仅赚不了钱还有可能亏损，且一家一户分散闯市场风险大。2012 年，储兵奇牵头成立岳西县茧丰蚕桑专业合作社，为周边群众提供桑苗、蚕种、催青、指导和收购等产前、产中、产后全程服务，合作社现有社员 126 个，其中 39 户属建档立卡贫困户。

合作社社员正在收烘鲜茧

社员储昭华是 2014 年建档立卡贫困户，全家 4 口人，两个孩子上大学，生活十分困难。储兵奇把储昭华作为自己的重点带动户，指导他栽桑养蚕。在储兵奇的热心帮助下，储昭华家现在年养蚕 16 盒，售茧收入 3 万多元，实现了家庭增收，已于 2016 年顺利脱贫。2018 年，该合作社共发放蚕种 1270 盒，收购鲜茧 17 万斤，盒种产茧平均达 51 公斤，蚕农售茧收入 315.7 万元，蚕农户平均养蚕收入 27912 元。

"家有五亩桑，致富奔小康。"如今，社内 39 户贫困户已"破茧成蝶"，靠栽桑养蚕摘掉"穷帽"走上了致富路。

储兵奇正在茧站指导分拣

■ 故事三：桑枝木耳结出致富果

岳西县思远公司车间里菌棒生产热火朝天，外面的桑枝木耳大棚内，工人们正在采摘木耳，一片繁忙景象。

"我们实行'技术服务＋种植基地＋贫困户＋保护价回购＋统一品牌销

售'的经营模式，桑枝木耳正在拓宽脱贫攻坚致富路。"公司负责人吴松青介绍。

思远公司坐落于来榜镇关河村。2013年，大学毕业生吴松青辞去在南京国企的工作，借助"大学生回归工程"的政策东风返乡，回收当地百姓养蚕废弃的桑枝，作为种植食用菌的原料。2016年中石化投资145万元入股，并将股份平均分配给8个贫困村，同时提供全国两万多家易捷便利店网点，开拓桑枝木耳销售渠道。

吴松青正在查看桑枝木耳长势

关河村贫困户杨晓春去年收了两千多斤废弃桑枝，卖了600多元，同时在生产基地从事采摘和田间管理，每天收入100元以上，一年下来能有3万余元收入。"来榜镇是安徽蚕桑第一镇，每年都有大量桑枝被修剪，这些桑枝过去都被农民随意丢弃，既浪费资源又影响环境，现在用来种木耳，一举多得。"杨晓春说。

现在，思远公司采用最新的液体制种、接种技术，工厂化、标准化生产工艺，年产菌棒 300 万袋，产值 1800 万元，在 8 个贫困村建了 13 个生产基地，带动包括 250 户贫困户在内的 600 户农户种木耳致富。

"山泉水浇灌、不打农药、不施生长素、自然晾晒，经检测，桑枝木耳每千克硒含量高达 0.17 毫克，是富硒产品。闻有桑香、形似云朵、口感细腻、绵柔脆滑的白木耳尤为珍稀。通过网络销售，这些食用菌现在供不应求，今后种植规模还会扩大。小小桑枝一定会结出更多的致富果。"吴松青说。

三、茭白鼓了群众的"钱袋子"——蔬菜扶贫

岳西发挥生态优势，因地制宜，变对抗性种植为适应性种植。经过不懈努力，以茭白为主的高山蔬菜产业已成为农村经济发展的特色主导产业。岳西县先后获得"全国蔬菜产业重点县""中国绿色果菜之乡""全国最大的高山无公害茭白基地县"等荣誉称号。"岳西茭白"被列入国家地理标志保护产品，并作为十大产业扶贫案例在全国产业扶贫现场观摩会上交流。目前，岳西县高山蔬菜总种植面积 13.8 万亩，产量 14 万吨，产值 4.7 亿元，其中茭白 5.7 万亩，产量 6.3 万吨，产值 2.3 亿元。通过产业扶贫扶持贫困户13260 户，发展高山蔬菜 36420 亩，户年均增收近 4000 元。

岳西茭白获颁"中华人民共和国地理标志保护产品"专用标志

主簿镇余畈村的茭白田和"茭白楼"

■ 故事四：冷浸田长出"茭白楼"

连绵起伏的群山，绿意盎然的茭田，鳞次栉比的农家小楼。"我们都管这些楼房叫'茭白楼'，是种茭白改变了我们的生活，帮助我们实现了脱贫致富的梦想。"岳西县主簿镇脱贫户谢克银指着自家的二层小楼说。

种茭白，这就是余畈村致富的秘密。说起茭白，就不能不提到农业土专家、致富带头人储琳。

主簿镇地处高寒山区，平均海拔 800 米，年平均气温 13.2℃，高山区夏季温凉，不适宜水稻生长，易发生"青封灾"，种粮往往是"种一坡、收一锅"。"时值九月冷异常，红薯野菜当细粮"是当地群众从前生活的真实写照。但村民祖祖辈辈种稻，没人想到要改变。

水田里不种水稻种茭白，在余畈村，这第一口螃蟹，是储琳吃的。"田里除了长稻谷，还能长点啥？"2001 年春，已从村委会主任位子上离任多年的储琳，从安庆市水生蔬菜研究所专家徐善新处得知，余畈的气候环境非常适合茭白生长，研究所愿意提供种苗和技术指导，并保底价收购，经济效益比种水稻强得多。储琳综合测算后当即与对方签订协议，由自己负责茭白种植。

主簿镇农村致富带头人储琳（中）向农户传授茭白采收技术

　　试种茭白需要水田，储琳家田不多，且那时他已55岁，身体不好，干不了重活。怎么办？储琳想到发动亲戚。他找到住在邻村的三个外甥，劝说他们在田里改种茭白，可是都被拒绝。回到村里，他继续动员村民，大伙儿也顾虑重重。

　　村民储德彬想试试，被妻子阻止。"那东西就是草，种草能卖什么钱？"储德彬带回家的茭白种苗，被妻子扔到河里。也难怪，那时候经济困难，一亩茭白种子就1000多元，万一失败，血本无归。

　　眼见没人跟进，储琳用人格担保，说"亏了我赔"。好说歹说，当年3月，总算有黄国华、彭世芳等11户农户，凑了17.1亩水田跟着他干。

　　村民的思想工作做通了，家人又不乐意。妻子凌金香听说储琳成功发动11户村民后，不烧饭，闹别扭，抱怨储琳爱折腾，担心万一不成功村民找麻烦。可储琳认准的事，从来都是干到底。家人反对无效，十几亩田的茭白，按计划种了下去。

那几个月，储琳每天都到田里查看，像照料孩子一样照料茭白。功夫不负有心人，到了收获的季节，6 万多斤茭白卖了 3.87 万元，比水稻收益高好几倍。

事实摆在眼前，村民的顾虑被彻底打消，次年村里茭白种植户达 200 多户，第三年余畈村所在的主簿镇有 1000 余户参与种植茭白。

石关乡马畈村贫困户收获茭白

种茭白能挣钱的消息传遍大山深处。储琳第一个吃螃蟹，闯出了一条发展特色农业带动山区致富的大道。茭白种植规模不断扩大，类型也从单一的双季茭到单季茭，品种不断改良，产业也不断向外发展。茭白这一原产江南水乡的水生蔬菜成为老区群众增收脱贫的主角。2018 年，主簿全镇茭白种植面积达7800 亩，年产茭白两千多万斤，总产值 4000 多万元，亩均增收 5000 多元。2018 年，全镇在县农商行的存款达到 2.044 亿元，农民人均存款 2.83 万元。

为把茭白产业做大做强，岳西县将茭白列入脱贫攻坚支柱产业，每年安排财政扶持资金，在产业基地建设、水利交通等基础设施建设、新品种新技术试验示范、技术培训、市场开拓、品牌建设等方面给予扶持。随着茭白产业不断壮大，老百姓的钱袋子鼓了，红瓦白墙的"茭白楼"取代了土坯房，成为新农村一道靓丽的风景线。

四、出路在山上——林药扶贫

岳西素有"八山一水半分田，半分道路和庄园"之说。要摆脱贫困，不能只埋头在半亩田里，靠山吃山，人均 13 亩山场大有可为。岳西大力发展林下经济，当前共有经果林面积 39 万余亩，包括板栗林 20 万亩，油茶、香櫪、山核桃等木本油料林 11 万余亩，毛竹林 7 万亩，桃梨杏等果林 1 万余亩。"华之慧"红心猕猴桃、"储氏"山核桃、"岳之西""菊盛牌""美食加"等品牌茶籽油和林下中药材等产品生产销售已成规模，市场影响力渐强。在2017 年第十届中国义乌国际森林产品博览会上，岳西选送的特色林产品获金奖 4 枚、优质奖 4 个，所得奖项占安庆市总数的 1/3。

■ 故事五："世外葡萄园"甜了小山村

葡萄架上爬满绿色藤蔓，藤蔓上挂着一串串饱满圆润的葡萄，葡萄架下采摘的游人熙熙攘攘。一到暑期，岳西县毛尖山乡王畈村悠然葡萄庄园内游客络绎不绝。摘葡萄、听大戏、吃农家饭、赏田园风光，尽管天气炎热，游客们的热情却丝毫不减。在园内务工的贫困户杨前照跟游客介绍，"可别小看这葡萄，它承载着村里 50 多个农户的全面小康梦"。

毛尖山乡王畈村里的"世外葡萄园"

2010 年，正值壮年的杨前照查出胃癌，胃被切除了 4/5。当时，家里两个孩子一个读高中一个上初中，妻子在家养蚕、种茶艰难维持家用。2014 年底，江苏客商在王畈村流转 200 亩土地，种植黑珍珠、紫夏、红地球等十几个优质葡萄品种，不仅带动了乡村旅游产业，还吸纳贫困户在家门口就业脱贫。

葡萄园离杨前照家只有五六百米，步行 10 分钟。杨前照常年在葡萄园当管理员，葡萄采摘季，妻子有空也去葡萄园打工。去年，杨前照一家在葡萄园挣了 4 万多元，还利用财政贴息金融扶贫政策，贷款 3 万元扩大了养蚕规模。

游客拿上篮子去摘葡萄

现在，葡萄园延长了休闲农业产业链，实现集田园观光、农业体验、休闲娱乐、农家餐饮为一体的发展模式，为游客增添了采摘和游玩的乐趣，也带动了村级经济发展。2018 年，葡萄园营业收入近 200 万元，100 名贫困人口获得资产收益分红，人均增收 330 元。有 10 多名贫困人口在庄园上班，人均年增收 1 万多元。当地人美其名曰"大别山中的世外葡萄园"。

五、生态养殖富农家——养殖扶贫

岳西山清水秀，是国家级生态建设示范区，境内山多地少，靠山吃山，生态养殖成为众多山里人致富的选择。通过项目推动、龙头带动、服务联动等举措，大力发展有机黑毛猪、土鸡、山羊、林蜂、野猪、大鲵等林下养殖业，带动群众脱贫增收。成功引进金鸡产业扶贫项目，可解决约 1000 人的就业问题，带动 10000 余人脱贫增收。岳西黑猪战为国家地理标志保护产品。

■ 故事六：金鸡一唱金蛋来

"感谢党的产业扶贫政策，感谢德青源公司，我在这里上班，不仅能照顾老人和孩子，每月还可以领取 2500 元工资。"说起自家这一年的变化，白帽镇江河村建档立卡贫困户、岳西德青源有限公司员工胡美娟喜笑颜开。

北京德青源公司来岳西建设金鸡产业扶贫项目，缘于 2017 年 4 月全国政协来岳西的监督性调研。在看到岳西的良好生态环境后，全国政协委员王小兰建议岳西争取金鸡扶贫项目。县委县政府正在打造现代化农业产业体系，在了解金鸡扶贫项目后，安庆市委常委、岳西县委书记周东明立即赴北京德青源公司洽谈项目对接。2017 年 5 月，岳西县与北京德青源公司合作的金鸡产业扶贫项目落户白帽镇。该项目协议总投资 3.75 亿元，其中固定资产投资 2.5 亿元。在随后的一年时间里，征地、修路、建厂房、安装设

金鸡扶贫工厂内，胡美娟（左）正在将"金蛋"装箱

备、通水通电等工作全面完成。2018 年 6 月 9 日，30 万只青年鸡入驻蛋鸡育成小区，9 月 27 日顺利转入蛋鸡区饲养，10 月 5 日喜见第一枚"金蛋"，11 月"金蛋"正式进入市场销售。

岳西县金鸡产业扶贫项目由国务院扶贫办、国家开发银行和北京德青源公司共同发起，通过务工、分红等方式，构建新型滴灌式到户到人扶贫模式。建设周期短，参与的贫困群众不用承担经营风险，可获得长期稳定的收益，还可促进物流、包装、原料生产与加工等关联产业升级发展。胡美娟目前在该公司担任人事专员。

岳西县金鸡项目规划图

金鸡一唱金蛋滚。金鸡产业扶贫项目创造了 288 个村级公益岗位，帮助 1958 户贫困户脱贫增收，可直接和间接带动 10000 多人长效脱贫，提供养殖、运输和管理等技术就业岗位 800 个，为贫困群众提供保安、保洁、保绿等低技术就业岗位 200 个，人均月增收近 2000 元。

■ 故事七：养猪助我脱贫致富

岳西县来榜镇关河村杨树组村民杨振林，一家 3 口，儿子上大学，日子原本过得很滋润。但因妻子突患肾病综合征，这种幸福宁静被打破。为给妻子治病，先后花去医疗费十几万元，病情虽得到控制，但要长期服药，定期复查，原本的小康之家变成了贫困户。

坐落在该镇的安徽徽名山农业股份有限公司在得知杨家的情况后，上门慰问，帮助他们制定了养殖脱贫计划。利用公司在岳西黑猪养殖、屠宰、加工和销售方面的龙头示范作用，大力推行"公司＋贫困户"的产业扶贫开发模式。"没有建舍资金，公司给了我家 1000 元补助；没有技术，公司免费赠送了两头猪仔和全部养殖饲料，全程安排技术人员跟踪服务，帮助我学习掌握养殖技能。"杨振林感激地说。

养殖户不用担心销路，徽名山公司以高出市场价 10% 的价格回收农户养殖的猪。这样，杨振林当年养殖两头猪就获利 5000 元。

靠着养猪脱贫致富的杨振林向徽名山公司赠送锦旗

尝到甜头的杨振林，想扩大养猪规模，早日摆脱贫困，但又苦于没启动资金。"正在我犯难的时候，徽名山公司主动为我担保，办理了涉农小额贷款，并无偿支付利息，解决了我的资金难问题。"杨振林笑着说，"徽名山公司保护价收购，大大增强了我养猪致富的信心。"

2017 年，杨振林家顺利脱贫。如今，儿子大学毕业在广州工作，成了家，有了自己的孩子，三代人过着幸福的生活。

六、山区群众吃上旅游饭——旅游扶贫

"要想脱贫不愁，就搞乡村旅游。"岳西县扎实推进"3451"旅游扶贫工程，将旅游产业作为农民脱贫致富的主产业，乡村旅游成为决战脱贫攻坚的主阵地。"十二五"以来，岳西旅游产业实现持续快速稳定发展，完成旅游业投资约 20 亿元，开发景区景点 20 多处，列入首批国家全域旅游示范区创建目录，创成国家 4A 级旅游景区 5 个、省优秀旅游乡镇 10 个、乡村旅游示范村 18 个、三星级以上农家乐 105 家、民俗聚集区 6 处，拥有民宿床位7000 余张，农家乐日接待能力达 4.5 万人，累计带动脱贫人口 22414 人，山区群众吃上了"旅游饭"。

■ 故事八：徐合林的逆袭路

"去年赚了 20 万元，收入比前年翻了一番。今年春节过后这一个多月也有两万多元进账了。" 2018 年 3 月 21 日上午，岳西县古坊乡上坊村村民徐合林在张罗着装修自家农家乐的客房。从 2014 年的建档立卡贫困户，到2015 年的脱贫户，再到现在带动村里发展农家乐的致富带头人，徐合林用 4年的时间成功逆袭。

从岳西县古坊乡沿着 087 县道一路而上，穿过上坊村，就到了岳西县与湖北省英山县的边界线，徐合林的农家乐就开在这里。近些年，两地旅游业快速发展，让处在边界的上坊村越来越热闹。2016 年，烧得一手好菜的徐合林利用自家地理优势，开始了他的农家乐致富路。

徐合林的爱人和父母都患有慢性病，两个孩子读大学，在 2014 年，他家被评为贫困户。

"靠政策脱贫，但不能靠政策一辈子，要发展还是要靠自己。"徐合林说。2016 年，在乡村两级干部和扶贫工作队的动员下，深思熟虑两个多月后，徐合林鼓足勇气，借钱 10 万元开起了村里第一家农家乐。凭借着以前对厨艺的研究，徐合林烧出了拿手好菜，特别是猪骨汤炖玉米、咸菜豆腐、

徐合林和他的农家乐

玉米粑几个农家土菜让他的农家乐有了不少的回头客。房子是自己住的、猪是家里养的、菜是自家种的，农家乐成本低、风险低、利润高，徐合林越干越有劲。

第一年下来，徐合林赚了 9 万多元。2018 年，农家乐的收入翻了一番，达到 20 万元。"刚开始担心，怕投进去的钱打了水漂，现在放心了，我还要扩大规模。"徐合林说。

在徐合林的带动下，村里又有五六家农家乐在装修了。

七、一人就业全家脱贫——就业扶贫

岳西推进就业扶贫，开发辅助性岗位 1389 个、贫困劳动者公益性岗位 456 个、居家就业岗位 18419 个，建设就业扶贫驿站 40 家，完成各类技能培训 21579 人次，其中贫困劳动者培训 11832 人次，帮助 2756 名贫困劳动者实现就业。开展"百企帮百村"行动，建成扶贫工厂（车间）27 个，带动 1083 名贫困人口每年人均增收 1 万元左右。安排贫困人口生态护林员 252 名，每人每年补助 6000 余元。

■ 故事九：小针绣出新未来

一根针穿越贫穷，一根线绣出希望。岳西县充分发挥扶贫工厂在精准扶贫中的作用，调动妇女的巧手，通过小小绣花针实现脱贫增收。

走进位于毛尖山乡平精村的宇鸿公司扶贫工厂，绣花女工们正忙得不亦乐乎。

毛尖山乡平精村宇鸿公司扶贫工厂，小小工艺带动大量贫困户脱贫

刘同桂就是其中的一名熟练工。她患有心脏病，每年药费需三四千元，家庭负担重。因身体原因，她一直没有找到好的营生。自从村里有了扶贫工厂，她感到无比充实，日子也有了奔头。像刘同桂这样的贫困户，在宇鸿公司扶贫工厂还有很多。凭借娴熟的工艺，绣花工每天最高可挣100元，最低可赚50元，每月最高可收入近3000元。她们制作的工艺被，还会远销美国、加拿大及欧洲部分地区。

自2017年以来，宇鸿公司通过"公司＋扶贫工厂＋贫困户"的扶贫模式，将扶贫工厂办到贫困村。先后创办了9家扶贫工厂，带动80多户贫困户在家门口就业，为贫困户找到了一条"不离土，不离家，亦工亦农"的脱贫致富路子。

扶贫工厂内，刘同桂正在查看机绣情况

■ 故事十：纽扣助残疾人脱贫

小小纽扣一个只卖一分钱，可它却让岳西县菖蒲镇岩河村的残疾人脱了贫。岩河村通过开设扶贫工厂，贫困群众不用出远门就能在家门口就近就业，月收入两三千元，实现了脱贫。

48岁的王丽华右手因伤致残，丈夫也患有重症肌萎缩，已近瘫痪。"我们家就是大病致贫的，以前我和丈夫没生病的时候，日子过得很好。"王丽华说。夫妻俩的大病让家里一贫如洗，可两个孩子还在上大学，借遍亲友，举债10多万，家里一度都快揭不开锅了，只能依靠政府低保度日。

海创饰品公司车间内，工人正在分拣纽扣

2017年8月，王丽华找到坐落在菖蒲镇岩河村的岳西县海创饰品公司，成为纽扣分拣工。"我这样没有技术又有残疾的中年妇女，以前对于有一份固定的工作想都不敢想。"王丽华说，"工厂离家近，骑个车几分钟就到了，不耽误照顾家。"她当工人一年多，每月能拿到3000元左右的工资。

海创饰品公司是安徽省最大的树脂饰品纽扣生产企业。"一个纽扣我们卖出去的价格只有 1 分钱左右，但我们企业年均销售额能达到两千多万元。"公司总经理王泽汉说。

如今，该企业成为岳西县残疾人就业孵化基地，也成为远近闻名的扶贫工厂。王泽汉说："只要残疾人能够做的，机会都留给他们。"八成以上的贫困群众有一定的劳动能力，却因需要照顾老人和孩子，不能外出务工。为了让残疾人有就业机会，公司找劳动强度轻、技术含量低的活让他们去完成。

目前，海创饰品拥有员工 65 人，吸纳周边村镇贫困人口 27 人，还有 10 多名残疾人，人均年收入达 2.8 万元，被扶持的贫困户脱贫率达到 100%。

八、便民利民更富民——电商扶贫

岳西出台电商产业扶贫政策，对贫困户开设网店、电商扶贫培训、贫困村建村级电商服务站等给予政策资金奖补，有效带动贫困人口参与电商创业就业的积极性，帮助贫困户增收。建成县级电子商务公共服务中心 1 家，县级物流配送中心 1 家，入驻物流快递企业 15 家。全县 182 个行政村建成村级电子商务服务站和村级物流配送点 182 个，覆盖率达 100%。岳西县政府与阿里巴巴公司合作，实施"兴农扶贫"项目，推荐县域优质农产品和运营企业，打造贫困地区产品网络销售直通车，推动农产品上行。

岳西县物流中心　　　　　　　　　　岳西县电商产业园

■ 故事十一："抖音"助销手工棉鞋

古坊乡出了个"明星"，"家之缘手工鞋坊"的刘奇生在抖音火了，粉丝数量超过了14万。

刘奇生在大学学的是电子信息工程专业，2010年回乡开了一个电脑配件小店，但生意惨淡。每年冬天，妻子都会给家人做上一双手工棉鞋，穿上后很暖和。一家暖何不暖万家？刘奇生就想让更多的人穿上妻子制作的手工棉鞋。

2016年，刘奇生夫妻在县城带娃读书，在学校附近开了个小作坊，妻子招收了几个和他们一样带娃读书的人来学习手工棉鞋的制作，自己开始在淘宝销售产品。第一年在淘宝的销售额居然达60多万元，这更坚定了他将手工棉鞋做大做强的想法。

2018年11月，刘奇生看到大家都喜欢看抖音，自己也随手拍了一个手工棉鞋制作视频，没想到一下就火了。"家之缘手工鞋坊"的名气也逐渐响起来。刘奇生把淘宝店铺与抖音平台相关联，将抖音的流量引入淘宝店铺

刘奇生夫妻俩正在查看网销数据

中。"三个月不到，销售额增加了 30 多万元。"刘奇生说。销售量大大增加，月收入最高的时候有 65 万，年网络销售额达 260 多万。

刘奇生自己富了，还想带领父老乡亲脱贫致富奔小康。古坊乡王程村贫困户祝小红，父母身体欠佳，常年吃药，家里还有两个小孩读书，经济来源仅靠丈夫一人外出打工。刘奇生聘请她来负责打包，平均月薪 3000 元，给她家带来了脱贫转机。作坊里有 30 多名工人，贫困户就有 10 余人。

■ 故事十二：山里货插上 "e 翅膀"

"只用半天就卖出去平时一周的货，一个上午就接了 40 多个订单，全天销售额达到 3 万多元。"回忆起"双 11"网上销售的红火，"85 后"淘宝店店主吴松青仍有些激动。当时，吴松青一家和工人们经历了一场鏖战，接单、装货、发快递……尽管紧张，可大家都很兴奋。

生态农产品插上 "e 翅膀"

2008 年，大学毕业的吴松青回乡创业，利用家乡蚕桑产业的脚料桑枝，培植桑枝黑木耳，并注册成立公司。前两年，他又开设网店，通过淘宝网把大别山里的美味销售到全国各地。"创业之初不容易，技术不成熟，又要外出跑销路。现在好了，通过电子商务，在家就能把货销往全国各地。"吴松青颇有感触。

岳西县来榜镇电商产业园

搭建电商高速公路，让山里货插上"e 翅膀"。岳西县和平乡太平村通过大学生村官示范引导，先后开办了"皖岳人家""船长庄园""大山脚下"等多家网店，直销村内的中药材、瓜蒌籽、石磨辣酱、农家蜂蜜、茶叶、豆腐乳等农特产品，半年就实现销售额 30 多万元。除了农副产品，手工艺品、服饰加工产品也搭上了"顺风车"，更好地"走出去"。

岳西县来榜镇被誉为"全国最大有机黑猪基地""华东瓜蒌第一镇""安徽蚕桑第一镇"。全镇有 50 家工业企业和 7 家县级规模重点企业做支撑，茶叶、蚕桑、有机黑猪肉、鲟鱼等特色农副产品质优量大，但传统的销售模式一直制约着当地特色产业的跨越式发展。该镇建设电商产业园，让本地的特色山货插上"e翅膀"。现在，镇内有3家物流公司和两家快递公司，产品进出便利。电子商务不仅解决了特色产品销售难问题，也让许多农民不出大山就能轻松创业。仅仅3个月时间，电商产业园就吸引了18家淘宝店店主和企业入驻。

九、阳光温暖贫困户——光伏扶贫

岳西县在全国首创PPP模式实施光伏扶贫项目，建成100kW以上村级集体光伏扶贫电站184个，3kW户用光伏扶贫电站11402个，实现村级光伏电站全覆盖，为每村年增加村级集体经济收入10万元以上，11402户贫困户实现"太阳当空照，在家就数钞"，户均年增收3000元左右。

■ 故事十三：贫困户的"阳光收入"

"自从安装了光伏电站，每天发出的电都输送到电网，我也按月领工资了。"岳西县主簿镇余畈村建档贫困户储召根说。

光伏扶贫是国家精准扶贫十大工程之一。2014年年底，岳西被列为安徽省五个国家首批光伏扶贫试点县之一。2015年5月，作为全国光伏扶贫首倡企业，阳光电源股份有限公司在岳西县头陀镇梓树村捐建的150kW光伏电站破土动工，7月建成并实现并网发电，这也是岳西县首座并网发电的光伏

电工正在维护光伏电站

扶贫电站。光伏扶贫项目的实施，让建设到户光伏电站项目的贫困户每年有了超过 3000 元的稳定收入。

岳西县在光伏扶贫建设方面，积极探索新模式新路径，以 PPP 模式引进社会资本与政府进行合作，采用竞争性磋商方式确定成交人。作为光伏发电技术专家，阳光电源凭借在大规模光伏扶贫实施、技术和管理等方面的竞争优势成功中标，通过"户+村"精准扶贫体系，帮扶 184 个村和 11402 户家庭增收。在电站 25 年有效运行周期内，可为 11400 多户贫困户增收超过 8.5 亿元、为 184 个村集体增收超过 4.7 亿元，切实有效地帮助贫困地区加快脱贫致富步伐。

■ 故事十四：光伏板点亮脱贫梦

"今天已经发了 231 度电，照这样算，这一片每天可以发电 3000 度。"岳西县冶溪镇桃阳村级集中光伏电站管理员王华林说。

2016 年 9 月，在 10 个村都在为村集体光伏电站选址问题犯难的时候，冶溪镇创新"飞地模式"，破解选址难和小水电供区线路及变压器接入条件受限等难题，利用冶溪镇桃阳村大塘组荒滩荒地 49 亩，按照统一规划、统一建设、统一管理的模式，集中建设 10 个村 1000kW 光伏电站，光伏板全部为正南向，阳光充裕。王华林说："我们就是要把光伏板早日安插在这块贫困的土地上，让它发光发亮，帮助贫困群众照亮脱贫致富的前程。"

电站建成后，通过统一公司化运作，每年可以节约管护成本 5 万元。自 2016 年 12 月并网发电以来，每年发电量达到 120 万度，村均实现年收入 10 万元以上，带动 25 户贫困户每户年增收 3000 元。

冶溪镇桃阳村集中建设的 1000kW 光伏电站

十、小构树带动大扶贫——构树扶贫

2011 年 8 月，岳西县引进安徽中科安岳林业科技发展有限公司的杂交构树项目，在五河、中关、巍岭、田头、响肠等乡镇发展构树 5124 亩，累计投入资金 2905 万元，通过"公司＋专业合作社＋农户＋基地"的生产经营模式，共带动贫困户 1008 户 3405 人入股或务工，户均增收 1000 元。

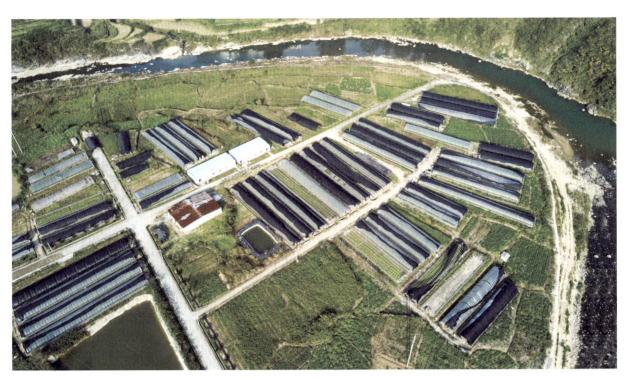

五河镇叶河村构树生产基地

■ 故事十五：满山尽是聚宝盆

岳西县五河镇境内，一座座青山连绵起伏，山峦之间构树、油茶、毛竹林相映成趣。叶河村头坳组村民王焰发正在构树基地里培土、修剪枝桠，过去这里是一片撂荒地。

2014年，五河镇招商引进安徽中科安岳林业科技发展有限公司，通过"公司＋合作社＋农户"模式在五河、百步、叶河三个村建设千亩构树基地。在公司的带动下，王焰发将10亩撂荒地种上构树，并用构树叶养猪养鸡养鱼，2017年收入就有5万多元，顺利摘掉贫困帽子。"以前荒山荒地看不上眼，大家不愿种，现在有了构树，荒山荒地成了香饽饽。今年我家收入大约有6万多元。"王焰发说。

近年来，五河镇实施茅草山改造约2.2万亩，在河南、双河、妙道山、沙岭四个村建设千亩油茶基地，在思河、响山、横排、桃李、茅山五个村建设千亩毛竹基地。广大林农享受到"满山尽是聚宝盆"的生态红利。

岳西县根据"区域化布局，规模化栽培，集约化管理，市场化经营"

的原则，发展油茶、茶叶、毛竹、板栗、蔬菜、中药材、猕猴桃、瓜蒌、桑叶、雷竹等经济林，呈现"一村一品，一乡多业"的良好发展势头。依托退耕还林工程大力发展特色经济林，引导林农栽植优良适生经济树种，兼顾生态效益和经济效益。目前，全县完成退耕还林造林 15.6 万亩，累计向林农发放退耕还林补助金 1.29 亿元，户均 2388 元，全县 5.4 万户共 15 万人受益。

微视频：产业扶贫好，群众乐陶陶

如今，一片片特色产业林正成为山区群众的"摇钱树"。2017 年，全县林业产业总产值 54.37 亿元，林农人均林业收入 3020 元。

五河镇叶河构树合作社养殖场

第三节　十大工程加快补短板

岳西县深入贯彻落实习近平总书记关于扶贫工作的重要论述，推进道路、水利、电力通讯、易地扶贫搬迁、危房改造、教育、健康、文化、素质提升、社会保障等"十大工程"，强基础，补短板，除穷根，昔日"一穷二白"的岳西发生了翻天覆地的变化。易地扶贫搬迁、健康脱贫经验在全国扶贫日作交流推广，教育扶贫、水利扶贫工作经验全国全省交流，全国健康脱贫、全省易地扶贫搬迁等工作现场会在岳西县召开。

一、千山万壑变通途（农村道路畅通工程）

1988 年的县城建设路

岳西境内崇山峻岭，沟壑纵横。"山区好风景，出门就爬岭，不是葛藤绊了脚，就是芭茅割了颈。"交通闭塞，行路难、运输难，人们曾长期过着"出门就爬坡，运输靠肩驮"的艰难生活。

要想富，先修路。岳西人民抢抓机遇，披荆斩棘，凿山开路，实施农村道路畅通工程 2053 公里，提前一年完成省制定的计划。如今，济广高速公路、岳武高速公路如两条巨龙穿行在崇山峻岭之中，一条条盘山公路似玉带环绕在群峰之间。交通发展带动城乡经济发展，助推岳西腾飞。岳西交通实现从"路不畅，道难行"到"车在路上行，人在画中游"的华丽转身。

穿行在崇山峻岭中的 105 国道

贯穿岳西南北的济广高速公路

■ 故事一：致富路修进农家院

冒着料峭春寒，岳西县主簿镇余畈村农民刘春香一家早早就在茭白田里忙碌。她家计划种 10 亩茭白，力争家庭年收入超过 10 万元。

主簿镇地处岳西北部高寒山区，交通闭塞，导致人们思想守旧，日子过得十分贫苦。20 世纪 90 年代后期，在能人大户的带动下，当地群众开始尝试发展适宜山区种植的特色农作物茭白，希望早日摆脱贫困。

"一开始路不通，肥料得从家里挑到田间，茭白也得挑到两公里外的镇上去卖。200 斤茭白最少要往返两趟，费时费力不说，有时还卖不上好价钱。"刘春香介绍。

路不通，茭白就发展不起来。尽管县乡陆续制定出台了不少鼓励茭白产业发展的奖补政策，但老百姓特别是贫困家庭兴种的热情就是提不起来。

缠绕在山间的乡村水泥路

农村畅通工程新修建的通组水泥路

精准扶贫的春风吹进了大别山，刘春香一家迎来了新机遇。随着农村道路畅通工程的实施，水泥路修到了田间地头，连通了各家各户。"只用将茭白掰好放到路边，就有人来收购，既省工省力，价钱又有保障。"刘春香说。

之前好几年，她家都只种了两亩茭白，年收入也就几千块钱，遇上生灾害病就要借钱过日子，一直徘徊在贫困边缘。路通了，致富门开了，刘春香和丈夫逐年扩大茭白种植规模。2017 年 5 亩，2018 年 8 亩，家庭年收入也从几千元攀升到了 6 万元，顺利实现了脱贫奔小康的梦想。

玉带绕村落，大道通四方。便利的交通也方便了专门负责收购销售的合作社。王艳华是原生态合作社的负责人，他说："现在，我们将茭白收购上来，统一包装，联系物流公司配车装运，主要销往合肥、武汉及江浙一带，48 小时内茭白就从田间地头到了消费者的餐桌上。"

交通的变化，大大缩短了运输时间，不仅降低了成本，还保证了农产品的质量。质量好价格也上去了，农民获得了实实在在的收益。茭白已成为余畈村的主导产业，全村茭白种植面积 1200 亩，年产值 480 万元。2018 年，村里人均纯收入达到 1.28 万元。

二、水利扶贫润民心——农村水利和安全饮水工程

岳西实施农村水利和安全饮水工程，在让山区群众"吃上水、吃好水"

的同时，创新水利工程建设管理理念，将景观水利、生态水利理念融入工程水利，既保护绿水青山、美化农村水环境，又为群众增收脱贫添砖加瓦。累计建成小型农田水利 4604 处，清淤扩挖池塘 5525 处；实施水土保持项目，治理水土流失面积 182.64 平方公里；建成农村饮水安全工程 275 处，解决 89708 人饮水安全问题，实现了贫困人口饮水安全工程全覆盖。

整治后的衙前河水天一色

■ 故事二：渠清塘满地生金

初冬时节，大别山深处的岳西县响肠镇新浒村，田间地头一片葱绿。一进村口，就看到满载外销蔬菜的大货车在乡间公路上疾驰。

"以前田里每年只能种一季水稻，而且还要靠天收。一遇上干旱，就会缺水歉收，许多田地没人种。现在不一样了，今年这些田都种了三茬。"村民秦名江指着那片长满蔬菜的 300 余亩田畈说："近年来，在县水利部门支持下，合作社牵头组织我们整修了高屋组三口连片的山塘。哪怕遇上严重伏旱，塘里的水都能应急，农作物收成一点儿都不受影响。"

新浒村整修一新的山塘

秦名江介绍："这些塘建成已有几十年了，但年久失修，不能蓄水灌溉。多年来镇村都打算整修，但一直缺乏资金。2014年，村里的种养大户王世遐牵头成立山水间种养专业合作社，由合作社作为建设管理主体，按照'上级奖补、县财政配套与合作社自筹共同承担'的方式，筹资60多万元，对原有山塘进行扩容加固。"

"山塘沟渠的整修由我们合作社为主体，找专业队伍承建，水利部门技术指导，政府对我们奖补。修成以后，塘面由我们使用，调水由我们自主，防汛保安由我们负责。现在它的总塘容为两万立方米，灌溉面积300多亩，两处沟河同时得以清淤整治，可让周围350亩菜地旱涝保收。"山水间合作社负责人王世遐介绍。

充足的水源有力助推了村里特色种养业的发展，为贫困户脱贫致富提供了机会。2014年，新浒村采取"支部＋合作社＋农户＋基地"的模式，吸收 205 户农户入社，先后流转农户田地建大棚 150 个，发展生态有机蔬菜 120 亩，流转 40 亩山塘养鱼两万尾，养殖家禽 12000 只。村党支部书记胡强军说："几年来，这些特色产业带动农户分红，加上务工收入，每户增收少则 5000 元，多的有 4 万元，入社的 71 户贫困户全部脱贫。"

新浒村高山蔬菜种植基地

"五小水利"频助力，渠清塘满地生金。2018 年，岳西县水利部门又安排 120 多万元资金，在新浒村建设高效节水灌溉工程，对 200 多亩茶园和 300 多亩蔬菜基地实施滴灌等现代水利技术，运用水肥一体化的办法，不仅可年节约用水 5000 立方米，还能减少化肥使用量近 1000 公斤，减少污水排放约 5000 立方米，节省人工灌溉及施肥等费用 6 万余元。

■ **故事三：水口河淌金流银**

"过去，每年汛期，水口河两岸河堤年年被山洪冲毁，年年都要投工投

梓树村在水口河边实施的流水养鱼项目

劳整修，劳民伤财。自 2015 年实施水土保持清洁小流域综合治理后，山变绿了，水变清了，下雨的夜晚能安稳睡觉了。而且两岸的农田不再怕水打砂压，老百姓的农田顺利流转出去了，种上了红心猕猴桃、茶叶，给老百姓增加了收入。"岳西县头陀镇梓树村村民项性国说。

水口河边变化大

头陀小流域位于岳西县梓树村，属于国家水土保持重点防治区，境内山高坡陡，曾因土层瘠薄导致泥沙下泄、河道淤积严重，垃圾随处可见，严重影响了水体安全、两岸及下游群众生产生活。2015 年，县水利部门对该流域进行科学规划，实施水土保持措施，保护水源，控制水土流失和面源污染，实现了预防保护、生态自然修复和综合治理并重的目标。

如今，不仅河道淤塞和山洪水毁的问题得到彻底解决，而且通过山、水、田、林、路、园综合整治，合理开发利用水土资源，改善流域内的生态环境、人居环境和生产条件，使梓树小流域内既山清水秀，又"淌金流银"，初步形成"一水两岸，拥河发展"的绿色产业发展格局。村委会副主任储诚照介绍，依托水土保持清洁小流域综合治理项目，通过工程、生物、管理措施三管齐下，"拦、截、排、涵、蓄、引"综合施策，构筑起"生态修复、生态治理、生态保护"三道防线，有效控制水土流失。

走进梓树村，满眼翠绿，坡地里的猕猴桃已经挂果，茶叶绿油油一片；弯弯的河道里水流潺潺，清澈见底；一幢幢别墅错落有致，一条水渠环绕着村庄，环境优美整洁。梓树村村民项性林说："我们也像城里人那样，一年四季沿河散步。"

三、阻断贫困代际传递——教育扶贫

岳西县思源实验学校

岳西县高度重视教育公平，将乡村教育均衡发展作为教育扶贫的根本之策强力推动，破解偏远山区学校尤其是教学点生源留不住、课程难开足、师资配不齐、教育公平难实现四大难题，不让一个农村孩子因贫困掉队，阻断贫困代际传递。健全资助补助政策，扩大教育扶贫覆盖面，将义务教育阶段校外寄宿生纳入生活补助范围，将县外就读建档立卡贫困生纳入资助对象。改善山区办学条件，累计投入薄弱学校改造资金 5597 万元，完成校舍和运动场建设 29406 平方米，购置设备 7200 台（件、套）；投入资金 2565 万元，实现农村教学点在线课堂覆盖率 100%，走出了一条让教学点孩子与城里孩子共享优质资源均衡发展之路。

■ 故事四：在线课堂让农村教学色彩斑斓

8 岁的二年级学生刘国梁铺开一张白纸，握着画笔，抬起头来，盯着黑板旁边的显示屏。大雨中的教室里只有他一个孩子。

4 公里山路外，岳西县河图镇辅导小学的教室里，朱祝文子老师戴着耳麦，在挂于黑板上的白纸上画《蚂蚁和西瓜》。"西瓜皮是什么颜色？西瓜瓤啥颜色？"每画一笔，她都要对着话筒发问。通过视频，刘国梁不但能看到老师的画，听到老师的讲解，还可以和老师进行对话。河图镇北庄教学点的"校长"程家勤拿着话筒站在他身边，这使刘国梁胆子大了一点，回答老师的问题也顺畅了许多。

北庄教学点只有一间教室、一名老师程家勤和一个学生刘国梁。此外，还有 6 名学龄前儿童。程家勤不但要教刘国梁语文、算术、思想品德和体育，还要照看 6 个孩子。"我是老师，也是保姆，还是烧锅佬。"河图镇还有 8 个像北庄一样的教学点，也都只有几名学生。

2014 年，岳西启动"在线课堂"工程，覆盖了全县 74 所小学和 172 个教学点。通过在线课堂，老师在主讲教室教授小学二年级以下的音乐、美术和三年级以上的英语，教学点的学生坐在教室里就可以听课，和老师即时互动。

"农村小学教育不再是单一和灰白。通过在线课堂，再偏远的孩子也能绘出色彩斑斓的画卷，唱出欢快流畅的歌曲。山里娃也能和城里的孩子一样得到全面发展，了解外面的世界。"河图中心小学校长汪晓华说。

朱祝文子老师在主讲教室授课

■ 故事五：乡间小学乐逍遥

雷坳小学位于岳西县菖蒲镇毛畈村。30年来，雷坳小学发生了天翻地覆的变化。20世纪90年代，200多名师生挤在狭小的校园里上课。年轻老师不愿来，家长也纷纷将学生转走。到了2013年前后，一个较大规模的村完小，竟然只有两名老师30多名学生了。

2014年，岳西县实施学校均衡发展工程，2016年又继续实施教育扶贫工程，学校一下子焕然一新。三年多来，教育主管部门投资20多万元，新建200平方米综合用房、占地100平方米的教师宿舍、幼儿活动室和学生餐厅。教师宿舍配备独立卫生间、电热水器、席梦思床。同时，还拆除原有的破旧围墙，新建了一条近 100 米长的围墙。2017 年秋季，经团县委牵线搭桥，中国银行安徽分行和富德生命人寿保险公司共同捐款 5 万元，建设完成一座"希望厨房"，添置了餐厅桌椅，安装了空调，大大改善了厨房加工和学生就餐条件。

焕然一新的雷坳小学

栽得梧桐树，引来金凤凰。学校面貌焕然一新，教师住宿条件大大改善，各种设施一应俱全，自然受到老师和家长们的青睐。现在学校任教的老师乐乐，老家在邻近的潜山市，同时学校还分配来了两名年轻女老师肖肖和瑶瑶，解决了教师老龄化问题。如今，乐乐、肖肖、瑶瑶三位外乡老师在学校安心工作，相伴成长，人们趣称之为"乐逍遥"。

学校硬件好了，老师年轻了，教学质量也自然提升了，加之其他一些农村学校优惠政策的兑现，家长们的"小算盘"也打响了。过去人们在城里、镇上租房带孩子读书，既要多花钱又要多费精力，家里农活也干不了，顾此失彼，于是王家将在县城读书的儿子转回来了，李家也将在镇上读书的女儿转回来了。短短两年时间，学校学生陆续增加了 20 多人。学前班有了专门的老师，厨房有了专职的厨师，学校教职工也增加到了 7 人。

雷坳小学的学生正在上课

学校寻找特色发展之路，"黄梅戏戏曲进校园"成为首选。学校组建了黄梅戏表演社团，创设了黄梅戏社团活动室，购买了黄梅戏课本和书籍，添置了表演服装，还邀请黄梅戏表演专家定期开办讲座。工作日甚至双休日的早晚，师生同唱、相互比赛，曲声、笑声、掌声此起彼伏。

四、健康脱贫除病根

"辛辛苦苦奔小康，得场大病全泡汤。"岳西县建档立卡贫困户 36367 户 110473 人，其中因病致贫 11082 户 43637 人。

打赢脱贫攻坚战，防止因病致贫、因病返贫至关重要。岳西推进健康脱贫，实行新农合个人缴费部分、住院预付金"两免"，实行基本医保补偿起付线、省内住院大病保险起付线"两降"，实行基本医保补偿比、慢性病补偿比、省内住院大病保险补偿比、重大疾病医疗救助水平"四提高"，全面落实"351""180"政策，出台"1579"再补偿、"重特大疾病政府再救助"和脱贫人口大病再救助等政策，让群众"看得上病、看得好病"，提供了健康脱贫岳西路径。县域内就诊率提升至90.07%，综合补偿比达91.23%。

扶贫对象领取新农合就诊证

岳西县利用小手拉大手，在校园内
开展健康脱贫政策宣传

■ 故事六：大病救治搬掉脱贫绊脚石

岳西县姚河乡姚河村杨花组查斯荣，自从患上肾衰需要透析，平均每月消耗的腹膜透析液都在500斤左右。姚河乡离县城路途遥远，交通不便，患者运药成了大难题。为了让慢性病患者在家就能享受就医购药，姚河乡卫生院联系医药公司送药上门，并提供家庭技术指导，垫付药品费，指导新农合报销。近两年，查斯荣花费医药费159254元，报销了141606元。

说起姚河乡的医护人员，查斯荣感动不已。"他们经常上我家来，送药上门，为我义务看病、测血压，问长问短，坚持好几年了。即使是儿女也做不到呀！"

"救护车一响，一头猪白养。"在全面建成小康社会征途中，因病致贫、因病返贫成了"绊脚石""拦路虎"，很多贫困家庭即便已经脱贫，也会因病返贫。

为有效防止因病致贫、因病返贫，岳西县推进健康脱贫特别是大病救治工作。

患者正在医院进行透析治疗

建立大病医疗补充商业保险、设立重特大疾病政府再救助资金、完善城镇居民医保补偿政策、鼓励支持贫困人口购买意外伤害保险等四项措施，对全县各类参合农民和贫困户家庭成员的医疗保障政策，进行了系统化、全覆盖、可操作的分类、分层次科学设计，多措并举，实现健康脱贫综合医疗保障政策城乡居民全覆盖。

通过一系列精准的制度设计和举措，岳西县大病救治达到全覆盖。对全县 642 名 15 种大病患者进行集中救治，为他们分别制订个性化治疗方案，开通绿色通道及时救治，开展代办报销手续、送药上门等全方位服务。

■ 故事七：健康脱贫解我后顾之忧

吴金定是岳西县店前镇前河村黄岭组人，2014 年建档立卡贫困户，一个地地道道的农民，没有读过什么书，没有手艺，靠着家里的 3.6 亩地糊口度日。不幸的是，他长期患有心脏病、高血压、糖尿病，而且腿脚不便，每年要住好几次院，吃药也要花上好几千块钱，这对于原本并不富裕的家庭来说更是雪上加霜。

健康脱贫"351"和"180"解了医药费之忧。2018 年上半年，吴金定病情严重，在县医院住了很长时间，共花去医疗费用 11000 元，通过享受国家的健康脱贫政策以及政府的救助，他报销了大部分的医疗费用，个人自付只有 2700 元，减轻了家庭的经济负担。

"我的家庭签约医生殷岳琳定期上门为我测量血压，每年两次的体检项目也有医院工作人员接送，还提出了针对我病情的建议，给腿脚不便的我带来了很大便利。"吴金定说道，"多亏了健康民生工程解了我的后顾之忧，我打内心感谢党的好政策！"

店前中心医院组织医生上门宣传健康脱贫政策

五、扶贫扶人，扶智扶文——文化扶贫

岳西县以农村为重点，以弘扬大别山老区精神为重要内容，积极组织实施文化扶贫工程，县乡村三级文化基础设施全面加强，文化服务网络全面覆盖，文化人才队伍不断壮大，丰富了老区人民文化生活，激发内生动力，巩固提升了国家公共文化服务体系示范区创建工作成果，增强了文化自信。岳西县荣获"中国民间文化艺术之乡""全国群众体育先进单位"称号。

大别山（安徽岳西）映山红旅游文化月开幕式文艺演出现场。
岳西连续举办 12 届文化月活动，推动文化旅游扶贫

■ **故事八：文化扶贫拔穷根**

农闲时节，岳西县莲云乡莲塘村村民王学纯和乡亲们一起在乡综合文化服务中心阅读种植养殖书籍。

55 岁的王学纯因患心脏病被列为 2014 年建档立卡贫困户。在乡村"文化扶贫"大潮中，他主动到乡、村文化服务场所学习"充电"，先后掌握了养蚕、养鸡、种茶技术，并于 2015 年在家办起了养殖场，利用房前屋后的荒田荒地，圈养土鸡 600 余只，共育幼蚕 150 张，经营茶园两亩，当年收入达 3 万元，顺利脱贫。

莲云乡"文化扶贫"土壤深厚。20 世纪 80 年代中期，安徽省社科院辛秋水研究员深入该乡探索"文化扶贫"，提出"扶贫扶人、扶智扶文"的扶贫思路，创办图书室、贴报栏、实用技术培训中心三大文化扶贫阵地，被当地群众亲切地称赞为经济发展的加油站、农民的情报信息源和庄稼人的学校。

莲云乡文化服务中心和农业综合中心上门为王学纯送资料

在决战决胜脱贫攻坚战役中，莲云乡充分发挥"文化扶贫"优势，推进"志智双扶"，帮助贫困户斩断穷根。夯实文化扶贫基础，投资 120 万元兴建乡综合文化服务中心，配齐电子阅览室、科技培训室等"六室两厅"，在全乡六个村实现图书室、文化共享工程室和文化活动广场"全覆盖"。开展"送文化、育文化、种文化"活动，送戏、送电影、送科技到村头，帮助各村组建业务文艺团队，每月在各村举办一次文艺、农业科技培训活动，让脱贫典型、致富能手、种植养殖大户登台演说，广泛宣传党的各项惠民政策，充分激发贫困户的内生动力。

六、人有一技之长——劳动力素质提升

岳西县以就业技能培训为抓手，全面提升劳动力素质，帮助贫困劳动者就业。全县共完成各类技能培训 21579 人次，其中贫困劳动者培训 11832 人

次，拨付就业培训补助资金 791.42 万元，帮助 2756 名贫困劳动者实现就业。

■ 故事九：技能培训领上致富路

崔玉娥家住岳西县五河镇响山村，家有年迈生病的老公公，女儿读大学，儿子读高中，老公是个地道的农民，没手艺，靠做农活养家。为给老父亲治病，家里欠下一万多元债务，还要供两个孩子上学，生活艰难，成为贫困户。

最无助的时候，党和政府安排崔玉娥参加就业技能培训，学习家政服务技能。其后，岳西皖嫂家政帮助她在上海找到一份做家政的活计，她边学边做。客户看中大山女子的勤快与老实，但崔玉娥心里明白自己做高端家政还不合格，为了能挣高工资，还得不断地学习，于是又参加了育婴员就业技能培训班，技能得到提升。培训结束后，到杭州真正做起了家政服务工作。

在杭州做家政的崔玉娥

"做家政服务这行业又脏又累，但也给我带来快乐，我遇见过因家务活经常吵闹的夫妻，他们工作繁忙，没时间打理家务，现在，我能帮他们把家里收拾得井井有条，干干净净，感受到我的价值。现在我的收入也越来越高了，除家庭日常开支和供孩子上学，还略有结余。真要感谢家政技能培训，让我走上了脱贫致富路。"崔玉娥说。

为不断提升农村妇女综合素质，增强农村贫困妇女脱贫致富本领，岳西县妇联通过自办和联办等方式，举办家政服务、特色种植、特色养殖培训班共 100 多期，培训妇女 6000 多人次，其中贫困妇女近 5000 人次，让众多贫困妇女掌握了一技之长，在摆脱贫困、带领家庭致富的路上绽放光彩。

七、搬得出，稳得住，能致富——易地扶贫搬迁

岳西县不让一名贫困户在危房里脱贫奔小康，推进易地扶贫搬迁，实行县乡村"三级梯度"搬迁安置，采取"易地扶贫搬迁＋种植养殖、就近务工、城镇就业、发展乡村旅游"等多种模式，"一户一策"量身制定脱贫致富方案，打造一批产业发展增长点、乡村旅游风景点、集体经济发展点、美丽乡村建设示范点"四点合一"的易地扶贫搬迁示范点，共计易地扶贫搬迁2147户6838人。

中关镇贫困户喜迁新居

■ 故事十：搬出大山住进楼房

"两年前，我们一家5口从13公里外的深山里搬了下来，如果不是国家易地扶贫搬迁政策，现在我们一家人真不知怎么过。"晚饭后，岳西县冶溪镇大山村贫困户黄徐兵一家围坐在电视机前，一边拉家常一边看电视。

2017年，黄徐兵一家搬到冶溪镇石嘴村易地扶贫搬迁集中安置点，自己没有花钱就住进了楼房，生活从此大变样。不但有了新房，家里还有了稳定收入，这在以前他想都不敢想。

35岁的黄徐兵是建档立卡贫困户，在外打工时患上右腿动脉硬化，先后做了4次手术，右腿被高位截肢，东挪西借共花去医药费20多万元。家里有患心脏病和糖尿病的母亲和两个上学的孩子，治病不但花光了积蓄，还欠下了外债，生活一度非常贫困。

镇村两级得知黄徐兵家的情况后，将他家评为低保户，让他们全家搬进

冶溪镇石嘴村易地扶贫搬迁集中安置点

易地扶贫搬迁安置点，还给黄徐兵夫妻俩解决了就业问题。黄徐兵的爱人在镇区鞋厂上班，2018年收入超过了两万元。黄徐兵每天拄着拐杖，到镇上的明杰电子公司上班，还是公司的技术骨干，每年有近3万元收入。

"2017年以前，我婆婆和丈夫生病，住在大山里面的破房子里，我带着两个孩子在镇上租房陪读，日子实在难过。现在不但有了自己的新房，还有稳定收入，日子一年比一年好。"黄徐兵的爱人说。

自2016年以来，冶溪镇通过易地扶贫搬迁工程，实施集中或者分散安置，创新"搬迁户＋种养业"的特色经济发展、"搬迁户＋劳务转移"的非农就业、"搬迁户＋业主经营"的资产入股分红等模式，解决91户331人的住房、就业和上学等问题，让贫困群众都过上了安稳的生活，真正达到了易地扶贫搬迁群众能够"搬得出、住得下、稳得住、能致富"的目的。

故事十一：拎包入住"花园房"

天堂镇石桥村王仁全夫妇高高兴兴地搬到易地扶贫搬迁集中安置点的"花园房"

　　一幢幢现代风格的三层洋楼，依山傍水，绿树成荫。岳西县天堂镇石桥村易地扶贫搬迁集中安置点的"花园房"，景致丝毫不亚于城市别墅。走进贫困群众王仁全家，两位70多岁的老人正坐在客厅里悠闲地看着电视。

　　王仁全今年76岁，患有心脏病，妻子患有风湿病。以前一家人住在山上的危房里，几乎没有经济来源。在帮扶干部的帮助下，2017年8月一家3口从山上搬下来，几乎没有花一分钱就住进了75平方米的"花园房"。

王仁全乔迁新居时喜贴对联

　　为了让贫困群众"搬得出、稳得住、能致富"，天堂镇创新易地扶贫搬迁模式，在集中安置点同步建设扶贫工厂，形成"易地扶贫搬迁＋扶贫工厂"模式。搬进新房后，帮扶干部又帮王仁全夫妻两人找到了令他们相当满意的工作。王仁全说："我和妻子都在楼下的扶贫工厂上班，下个楼梯就到了，非常方便。就做些折箱包、剪线头的简单活，轻松又稳定，平均每月能赚到两千元左右。"

　　为了让贫困群众搬迁后找到家的感觉，天堂镇还在离"花园房"不远的小山坡上，为每个搬迁户提供了一块小菜园。王仁全家的小菜园大约10平方米，吃蔬菜不用花钱买。

　　王仁全的妻子储春兰说："搬到山下来，住着舒服，样样都方便，没花钱就住上这么好的房子，用上自来水和煤气灶，第一罐煤气还是政府给充好的。"

天堂镇石桥村源泉易地扶贫搬迁集中安置点一角

八、安居乐业奔小康——危房改造

岳西县围绕全面解决农村住房安全的总体要求，对农村危旧房屋按照"应建尽建、应修尽修、应拆尽拆"的原则，全面进行改造，确保不漏一户。4年来，岳西县完成危房改造16464户，累计拨付补助资金24653.8万元，农村住房条件得到质的提升，确保了贫困人口都有安全住所。

岳西县菖蒲镇水畈村

岳西县主簿镇余畈村

■ 故事十二：不让一户在危房里脱贫

走进岳西县来榜镇，处处新楼林立，家家喜笑颜开，看不见破旧危房。

"真的要感谢党和政府，否则我家做梦也想不到住上这样的新房子，冬暖夏凉，安全无忧。自己不用掏一分钱！"黄泥村孙冲组杨香林笑得合不拢嘴。

故事还得从头说起。今年69岁的杨香林和丈夫只生了一个儿子，中年丧夫，一个人含辛茹苦把儿子养大，为他娶媳妇，帮带孙子，以前家庭也算美满。人有旦夕祸福，儿子早逝后，儿媳改嫁他人，只剩她与孙子相依为命，住在破旧的危房里艰难度日。

岳西县来榜镇易地扶贫搬迁与产业、就业扶贫同步

"以前我家住的是土坯房，墙壁裂缝，屋顶瓦片破败，无法翻新。每逢下雨，屋内水流成河，家中的盆桶都用来接水，真不是人过的日子。每逢大雨，镇村干部都接我到别人家住。我经常想老是麻烦干部，又无钱建房，要不是舍不得孙子，我也不想活了。还是党的政策好，没要我花一分钱，帮我建了这么好的房子，还经常送钱送物，现在日子过得安稳，再大的雨也能安

心睡觉！"杨香林含着泪花激动地说。

2014 年以来，来榜镇以保障贫困农民住房安全为目标，累计危房改造 1052 户，发放危房改造资金 1750 万元。"以前像杨香林这样的贫困危房户很多，通过危房改造，所有贫困户都住上了安全住房。危房改造更加坚定了贫困户脱贫致富的信心。"来榜镇分管危房改造的党委副书记余小侠说。

来榜镇钟形山易地扶贫搬迁集中安置点

九、一池资金活水来——金融扶贫

岳西全面推进扶贫小额信贷，截至 2018 年底，基本实现贫困户评级授信全覆盖，累计发放扶贫小额信贷 6.52 亿元，当前余额 6.3883 亿元。贫困户利用扶贫小额信贷资金发展生产，户均增收 2100 元左右。"户贷企用"贷款余额 2.1052 亿元，入股经营主体 54 家，带动贫困户发展 5141 户，"带资入股"贫困户 6% 的年收益，累计发放分红资金 2511.72 万元。紧抓 IPO 绿色通道政策，引进 5 家总部经济企业，3 家企业进入 IPO 报备，5 家企业在新三板挂牌。

帮扶干部在贫困户家宣传扶贫小额信贷政策

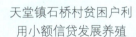

天堂镇石桥村贫困户利用小额信贷发展养殖

■ 故事十三：信贷扶贫，自力更生

家住岳西县莲云乡莲塘村槐树组的贫困户余方运，前几年一直在建筑工地打工，但因为身体原因不能继续在工地上班。回乡后经过帮扶干部王光明联系，于 2016 年底获得扶贫小额信贷财政贴息贷款 3 万元，购买了一辆四轮双排座农用车。

"当年腊月开始下乡卖蔬菜水果，除去蔬菜水果成本和油费，每天净赚100多元，仅一个腊月就增收近3000元。"余方运说。

尝到甜头的余方运没有满足现状，在帮扶干部和亲戚朋友的帮助下，他又在县城开了一家蔬菜水果批发部，生意渐渐进入正轨。余方运还打算待销路打开之后，聘请一两个家庭困难的人来帮忙，在自己脱贫致富的同时帮助别人。

余方运的水果店

岳西县根据贫困户产业发展需求，帮助贫困户筹措发展资金，采取一站式服务推动扶贫小额信贷工作，精准放贷、便捷放贷、应贷尽贷，让产业发展在短时间内得到资金保障，实现了由政府"输血扶贫"向"造血扶贫"的转变。

■ 故事十四：绿色通道引来金凤凰

早上6点，环卫工人刘会平已经把岳西县经开区瑞林路清扫得一尘不染。"玉禾田公司一进驻岳西，我有幸就近上岗。除每月稳定收入1300元外，公司为我办了五险一金，还发节日慰问金和防暑降温费。我每天也有时间接送孙女上学放学。"对这份工作，刘会平十分满意。

2016年9月，中国证监会发布《中国证监会关于发挥资本市场作用服务国家脱贫攻坚战略的意见》（以下简称《意见》），为贫困地区企业上市挂牌等开辟绿色通道。资本市场扶贫新政如一缕春风，给贫困地区带来希望。2017年7月，岳西县抓住机遇，引进玉禾田环境发展集团股份有限公司，负责全县24个乡镇182个村6个社区的道路清扫保洁、垃圾收集、末端转运处理。公司优先录用贫困人口，刘会平在家门口上了班。

玉禾田公司新三板挂牌敲钟仪式

玉禾田公司是证监会《意见》发布后，首家由发达地区迁址国家级贫困县岳西县的 IPO 在审企业。2017 年，玉禾田公司获岳西县脱贫攻坚奉献奖。截至 2018 年 12 月，玉禾田公司纳税达 1100 万元。公司还赴和平乡中蘖村、田头乡泥潭村开展精准帮扶，直接带动近 1000 名贫困人口脱贫。

十、脱贫路上不落一人——社会保障

岳西按照"应保尽保、提标扩面"的要求，将各项保障政策向贫困户聚焦、叠加，让困难群众生活不愁。实施农村社会保障工程，推进最低生活保障制度与扶贫开发政策有效衔接，低保保障标准提高至每年每人 3780 元，低保覆盖面达 6.31%，实现了动态管理下的应保尽保；新（改）建养老机构 11 所，新增床位 1159 张；符合条件的困难残疾人生活补贴和重度残疾人护理补贴覆盖率 100%，残疾人精准康复服务率 77.11%。

■ 故事十五：兜底扶贫人人有保障

在彩虹瀑布景区内，有一家扶贫超市——老乡特产超市，腿脚不便的蔡立焕是老板。在这里，游客可以买到物美价廉的香菇、野菜、冬笋等农特产品。

"卖这些特产，我一分钱不挣。农户多少钱给我，我就多少钱卖出去。我就靠着卖饮料等赚些钱。"蔡立焕说，去年政府给了超市 3000 元补贴，且房租、水电费全免。

像蔡立焕这样劳动能力较弱的人，岳西县实施社保兜底脱贫。通过低保补助，帮助其实现脱贫。去年蔡立焕获得了 2000 元特色产业奖补、2000 元雨露计划资助以及 9000 多元低保救助。他家里还建了光伏电站，每年有约 3000 元的发电收入。

大别山彩虹瀑布，国家 AAAA 级旅游景区

蔡立焕热情地为游客介绍当地农特产品

小孩上学对于一个贫困家庭来说也是一笔不小的开支。对此，岳西县资助、减免并举，积极推进教育脱贫。

蔡立焕的女儿正值高三，通过各类资助与减免，省下不少钱。"学校和政府共补贴2500元，而学费与住宿费加在一起才2100元。除了基本的生活费，花不了多少钱。我女儿也争气，成绩一直在班上名列前茅。"说起女儿，蔡立焕满脸自豪。

第四节　人心齐，泰山移

一人拾柴火不旺，众人拾柴火焰高。脱贫攻坚，要充分发挥政府和社会两方面力量作用，构建专项扶贫、行业扶贫、社会扶贫互为补充的大扶贫格局，调动各方面积极性，动员和凝聚全社会力量广泛参与，才能取得脱贫攻坚战的胜利。

一、定点帮扶

2016年4月15日，时任中石化集团董事长王玉普来岳西调研精准扶贫

1990 年，中国石化拉开了对口扶贫岳西县的序幕。中国石化总部从 2002 年开始定点帮扶岳西，每年派出干部驻点帮扶，前后共派出 18 名干部，在岳西县脱贫攻坚的关键时期做了卓有成效的工作。2016 年 4 月，时任中国石化集团董事长、党组书记王玉普深入岳西县响肠镇新浒村，走村入户，看望慰问贫困户，与基层干群共商精准扶贫、精准脱贫大计。2017 年 8 月，集团党委副书记、副总经理李云鹏深入岳西开展扶贫助学等活动。2018 年 7 月，中石化集团公司纪检组长蒋亮平到岳西调研脱贫攻坚工作。

30 年来，中石化帮扶岳西不间断、力度不减弱，截至 2018 年底，中国石化总部和驻皖企业累计投入资金 1.01 亿元，在基础设施、产业发展、教育培训、救急难、危房改造、助学济困等方面倾力帮扶岳西，惠及全县人民。

■ 故事一：铭记中国石化

走进岳西县头陀镇虎形村，层层叠叠的梯田宛如天梯，梯田中的高山茭白似绿浪自天而泻。然而在 2014 年以前，这里的高山茭白难以运出大山。群众的需求是第一信号！中国石化集团出资 120 万元，在该村修建了长 4.3 公里宽 4 米的村级水泥路直通县道，400 余家农户 1050 亩高山茭白对外销售的道路豁然畅通。

"群众都称这条路是幸福路、致富路。中石化给我们插上了腾飞的翅膀。"虎形村党支部书记王贻福说。

2016 年 10 月 28 日，家住岳西县冶溪镇桃阳村金玉组的黄焰松在开车带妻儿到太湖县走访亲戚途中意外发生车祸，一家 3 口立即被送往省立医院抢救。短短几天时间就花光家中全部积蓄，可是黄焰松还一直处于昏迷状态，亲属陷入筹资困境。11 月 3 日，时任中石化挂职岳西副县长的黄长水得知这一消息后，第二天就将 5 万元"救急难"资金打到黄焰松的银行账户。

"在我家最困难的时候，中石化'同舟工程'救了我一家三口的命！"黄焰松感激地说。

发展产业是脱贫攻坚的根本出路，更是贫困群众稳定脱贫的保证。"授人以鱼，不如授人以渔"，产业扶贫是中石化帮扶岳西的"重头戏"。

思远公司桑枝木耳基地

岳西县来榜镇是安徽省蚕桑第一镇，桑枝资源丰富。该镇零星分布有培植桑枝木耳食用菌的家庭小作坊，但由于资金短缺、技术落后等原因，生产效率普遍偏低。2016 年，黄长水找到来榜镇关河村回乡创业的大学生吴松青，让其领衔建立桑枝木耳基地，扩建厂房，改进技术，成立了岳西县思远生态农业有限公司。该公司以中石化扶贫资金为主要投资来源，采取"公司＋村委会＋贫困户"的模式，公司统一制棒、接种，由贫困户按成本价种植、管理，公司提供技术培训与指导，按保底价回收产品。

为了发展壮大思远公司，带动更多贫困户脱贫致富，黄长水亲身参与公司建设，以中国石化的管理理念，严格要求，加快工程进度，保证工程质量，仅用半年时间，就达到了试生产的要求。

"现在，我们每年可生产菌棒两百万支，每棒利润 1.5 元到 2 元，年利润 300 万元到 400 万元，可带动贫困户户均创收 6000 元以上。"思远公司总经理吴松青说。

以同样的模式，中石化支持岳西县五河镇成立了岳西县思民生态农业有限公司。

在扩大岳西产品内销渠道方面，中石化提供了宝贵的平台。老区群众一针一线缝制的工艺被和车载系列产品进驻中国石化易捷便利店，岳西红心猕猴桃也被引入到中国石化易捷体验馆销售。

岳西农产品进驻中国石化易捷便利店

二、社会帮扶

省、市、县三级扶贫系统统筹协调，精准发力，有效对接，争取各方资源具体帮扶贫困村和贫困户，帮扶效果明显。

2017 年，中金公司、浙商证券、国投安信期货、安粮期货、国元信托、玉禾田集团、天鹅集团、天馨集团和 9 家异地安庆商会等社会各界向岳西捐资捐物 3920 万元，社会帮扶资金总计 1.2563 亿元。组建 3 家研究院所，聘请 33 位专家助力脱贫攻坚。

开展"百企帮百村"行动，建成扶贫工厂（车间）27 个，带动 1225 名贫困人口每年人均增收 1 万元左右。

■ 故事二：这份工作对我很重要

"我年轻时靠养牛卖牛维持家用，但慢慢地养牛工没了市场，现在年纪大也干不动了，幸亏村里推荐我到玉禾田做环卫工，每月能领到 1300 元工资，还可以照顾家。"玉禾田公司环卫工、莲云乡平岗村卫龙组贫困户刘圣甘说。

今年 60 岁的刘圣甘和妻子、小儿子一起生活，妻子患脑梗塞，生活不能自理，38 岁的儿子因脑膜炎后遗症，4 级残疾。花甲之年的刘圣甘不光要赚钱养家，还要烧饭给妻儿吃。

玉禾田公司入驻岳西后，通过改善城乡环境面貌等方

莲云乡平岗村环卫工刘圣甘正在清扫街道

式为岳西县的脱贫攻坚、社会发展注入活力，解决了 1276 人就业，优先招聘贫困户劳力 763 人、五保户半劳力 9 人、残疾人 19 人，累计发放工资近 2000 万元。

在岳西，一批脱贫产业正在成为致富产业：年产 1000 万只蛋鸡的"金鸡小镇"，带动 3000 户贫困户发展产业，实现就业；回音必集团投资 10 亿元建设中医药产业园，带动 800 户贫困户和 10 个村集体种植加工药材；乡村旅游直接或间接为贫困户增收 1000 多万元，带动 200 多户 700 多人脱贫……

■ 故事三："盼盼助学金"为寒门学子圆梦

每年升学季，高校录取通知书到达学子手中时，多数人喜笑颜开。可对有些人来说，随之而来的是巨额学费、生活费没有着落的苦恼。一些寒门学子选择到餐馆、商场打工赚取学费。

这群人中有个瘦弱的小姑娘吴凡，父母离异，她跟随卧病在床的母亲生活。2015 年她被宿州学院录取，在拿到录取通知书时，吴凡既有升学的喜悦，也有学费无着落的苦恼。

岳西团县委在实地走访之后，帮助她申请了"盼盼助学金"，成为盼盼集团在岳西首批资助的学子。

得到资助的吴凡以感恩之心回报社会，每一次志愿服务招募，她都积极报名，用实际行动践行"以感恩之心立于社会，做一名对社会有用的人"的承诺。

"盼盼助学金"第一批受助大学生吴凡参加团县委组织的青年志愿者活动

2014 年，岳西县希望工程接受盼盼集团一次性捐赠两百万元，为岳西县的寒门学子圆大学梦。2014 年至 2018 年，盼盼集团已奖助岳西学子 200 人，发放奖、助学金 123.2 万元。

■ **故事四：山城集团的情义**

张建国建房缺口 1 万，张卫东建房缺口 2 万，郑东松发展光伏缺口 0.8 万，程云发展茭白等缺口 0.5 万……

一条条清单，一个个期盼。

一直以来，岳西县黄尾镇平等村"两委"严格按照文件要求，进村入户，精准识别，积极与贫困户商讨脱贫举措，因户施策，制定详细的脱贫清单。

清单易建，买单不易。清单一头系着百姓，一头牵着政府和帮扶企业。

依据"百企帮百村"的安排，安徽山城集团结对帮扶平等村，董事长王剑、总经理喻传发等先后进村入户，调研平等村的发展状况和脱贫需求，制定了详细的帮扶计划。在看到平等村贫困户发展缺口资金清单后，果断决定为贫困户买单，出资 24 万元帮助他们改建房屋。

"做梦也没有想到这么快就住进了宽敞明亮的二层楼房。"平等村贫困户朱敦文老人说，"照我家目前的状况，盖房不知道要等到何年何月。山城集团给了我两万元，帮我把房子盖起来了。"

安徽山城集团董事长王剑在平等村走访

"最难啃的有 18 户，在山城集团的帮扶下，2016 年 12 户入住新房，2017 年 6 户入住新房，这样我们村所有农户的住房都有了保障。"平等村驻村扶贫工作队队长王英豪介绍。

2016 年 3 月，山城集团成立帮扶领导小组，此后，集团领导先后 30 多次到平等村走访调研，出资近 70 万元支持平等村开展脱贫攻坚，平等村"户脱贫、村出列"的目标顺利实现。

三、县域结对帮扶

　　根据安徽省扶贫开发领导小组安排，郎溪县结对帮扶岳西县。郎溪县出台《郎溪县支持县域结对帮扶促进精准扶贫若干政策》，设立支持县域结对帮扶促进精准扶贫奖励专项资金。两县加强人才交流，互派优秀年轻干部挂职。郎溪县 2017 年安排帮扶资金 1000 万元，用于岳西县危房改造工程；2018 年安排帮扶资金 1000 万元，用于岳西县小微水利设施建设工程，定向安排 150 万元资金支持岩河村等 3 个贫困村特色产业发展。两县共同制定《郎溪县—岳西县财政帮扶资金使用计划及管理办法》。签订《就业脱贫结对帮扶协议书》《郎溪县、岳西县劳务对接意向性协议书》，积极推进"订单式校企合作培育"模式。

2019 年 5 月 30 日，郎溪县委书记彭禧元（左一）来岳西县考察调研，对接区域帮扶工作。图为在温泉镇龙井村蓝莓基地

2018 年 8 月 31 日，郎溪县长李斌（右三）一行来岳西对接县域结对帮扶工作，指导产业扶贫

根据安庆市扶贫开发领导小组统一安排，2018 年，安庆经开区结对帮扶岳西，安排帮扶资金 1000 万元支持岳西县各乡镇小型交通基础设施建设586 处，受益人口 16000 余人；培训贫困人口 150 人次，解决 21 名贫困人口就业；安排产业发展资金 140 万元，用于支持岳西县工业企业、特色产业基地、合作组织及龙头企业发展。

■ 故事五：一叶黄魁两地情

一壶山泉，几捻黄魁，顷刻间茶香氤氲，安徽郎溪的味道出来了。"这么好的茶叶，我怎么没想到把它带到岳西去呢？"2017年初，素有"中国绿茶之乡"美誉的郎溪县与岳西县结成帮扶对子，携手开展扶贫工作。临行前的一盏茶，让即将前往岳西担任帮扶联络员的邢文记忆深刻。

响肠镇山水间合作社理事长王世遐
与社员们察看黄金芽茶长势

说干就干。一头联系安徽农业大学茶学专家评估种植环境，一头与当地大户商谈发展意愿，刚到岳西的邢文忙得不可开交。经评估、试种，他发现岳西这方水土长出的黄魁茶回甘微甜，别有风味。

650 万元资金、30 万株免费茶苗加全程技术指导。去年 3 月，这份"礼包"由郎溪发往岳西。借助岳西山水间种养专业合作社，规模达 510 亩的黄魁茶树基地得以建立，新增了 400 余个工作岗位，带动 71 户贫困户脱贫，实现户均增收 7000 余元。

"黄魁茶树基地是一个小小的缩影。自结对帮扶工作开展以来，两县各部门、社会团体和企业已开展对接帮扶 40 多次，内容涉及产业共建、旅游互动、人才对接、教育医疗扶持等多个方面。两县互派了 4 名干部挂职交流，还签订了农业、工业、电子商务等 8 个领域的合作协议，从资金支持、要素保障、商贸合作等方面为结对帮扶工作提供了保障。"郎溪县扶贫办副主任陈华说。

正待加工的黄金芽茶

一叶黄魁在 800 里外的岳西发芽，随之而来的，是越来越多的产业、项目在此落户。两年间，郎溪共向岳西拨付资金 2150 万元，对 400 多户贫困户危房进行改造，建起了一批重点基础设施。两县政府主导签署了汽车零部件产业合作协议、工业产品定向采购协议、农业产业扶贫基地合作协议，全面发力产业共建。还成立了人才科技合作交流办公室，积极联系两县企业开展合作交流，对科技创新和科技成果转化给予支持。

■故事六：新居感谢共产党，幸福不忘好心人

岳西县义工联合会帮助陈明元迁入新居时合影

上图中坐轮椅的人叫陈明元，家住岳西县温泉镇，是一名进行性肌萎缩症患者，低保贫困户。患病之初，儿子陈子龙年仅3岁。妻子因医治无望，弃家而去。家里的房屋破旧不堪，父子俩相依为命，生活几乎陷入绝望。

青年公益组织岳西义工联合会得知后，到陈明元家进行走访。从那以后，陈明元父子就成为他们的长期帮扶对象，义工联合会多次发起呼吁，引起社会广泛关注。8年来，已经记不清多少次、有多少组织和个人参与到对陈明元父子的帮扶队伍中来，累计捐助物资、现金、器材等超过10万元。同时，义工联合会等爱心组织不定期去他家送物资、帮助料理家事、清理卫生、给父子俩做心理疏导。

2015年，在危房改造政策支持下，在义工联合会的广泛呼吁下，陈明元家的新居终于拔地而起，父子俩搬进了楼房，新居里的一应生活用品和家

电设施几乎全部由社会募捐而来。陈明元无以为报，主动签下了一份"遗体捐赠书"。陈子龙则将前来慰问探望他们的组织和个人、接受的款物一笔一笔记录下来，小心收藏。

微视频：《贵人》

照片是陈明元家搬新居那天义工联合会的爱心使者们和陈明元拍的合影。那天阳光明媚，新居门上一副对联格外显眼："新居感谢共产党，幸福不忘好心人。"

义工联合会和爱心人士向贫困户捐赠柴火灶

美丽岳西
走进新时代

第一节　老区率先脱贫了

经国务院组织的第三方评估验收，岳西县交上了漏评率、错退率为零，群众满意度 98.02%，贫困发生率 0.967% 的优异答卷。

千年梦想今朝圆。2018 年 8 月 8 日，岳西迎来了一个重要时刻，经安徽省人民政府批准，岳西县退出贫困县序列，是安徽首个脱贫摘帽的国家级贫困县。

从"穷山恶水"到宜居乐土，岳西城乡面貌日新月异。

人居环境明显改善。通过易地扶贫搬迁、危房改造等举措，全县农村楼房率达 96% 以上。

群众收入大幅提高。2018 年，岳西农村居民人均可支配收入 11676 元，较 2014 年增长 45.9%。

城乡面貌发生巨变。2014 年至 2018 年，民生工程累计投入资金 39.22 亿元，实施农村道路畅通工程 2053 公里，村组道路硬化率 95% 以上，安全饮水实现全覆盖。

争先创优热情高涨。近年来，岳西县先后荣获全国财政管理工作先进典型县、全国休闲农业和乡村旅游示范县、全国科技进步先进县、全国重点产茶县、国家级生态县、中国名茶之乡、中国民间文化艺术之乡等多种称号。

饱经风霜的岳西，走进了新时代！

■ 故事一："猪老板"脱贫记

"两年前我是个穷光蛋，现在四乡八邻都称呼我'猪老板'。我家脱贫了，我很光荣。政府对我有帮助，但我没有坐在家里等着要照顾，幸福生活要靠一个字——干！"近日，岳西县田头乡召开农村工作会议，一位黝黑、敦实的中年汉子在大会上的经验交流，引来了与会者的热烈掌声。

"猪老板"名叫柳升权，田头乡上畈村黄泥组人。10 年前他初中毕业外出打工，在浙江当过工人，在黄山当过挑山工，在温州摆过地摊。2015 年，柳升权决定回乡谋求发展，因为他认识到，长期漂泊不是办法，回乡创业可以更快地实现脱贫致富。

回乡后，他对照乡村提供的"菜单式"脱贫项目，逐项分析，最终决定建养殖场来养殖土黑猪。

说起来容易做起来难。工作轨迹的改变给生活带来的负面影响也接踵而至：家人不理解，孩子上学没人带，资金无着落……面对各种困难，他没有退缩，与家人积极沟通终于取得理解。村组干部大力支持，帮助协调流转 20 亩荒废的山垄田，用于养殖小区建设。帮扶干部为他协调了 8 万元产业发展贴息贷款，乡畜牧兽医站和他签订了技术服务合同。

柳升全养殖的住"窑洞"、吃玉米杂粮的土黑猪

乡村帮扶干部的倾情帮助，让柳升权有了无穷动力。到2015年秋，他饲养的土黑猪发展到了300余头。他没有满足现状，没有忘记乡邻，将养殖技术和经验免费向其他村民传授，把猪仔送给当地贫困户饲养，向村民们宣传脱贫攻坚政策。在他的带领下，村里新增养殖大户10户，养殖黑猪300余头，贫困户户均年增收5万元。

■ 故事二："土老鸭"变身"金凤凰"

"过去出门，不敢说自己是老鸭人，怕别人讥笑。现在村庄美了、富了，脱贫帽摘了，腰杆子也挺得直了。"说起老鸭村的脱贫史，岳西县青天乡老鸭村党支部书记熊寿青感触良多。

岳西是国家级贫困县，老鸭又是县里最贫困的村之一。这里蜗居深山，地无三尺平，是出了名的穷山冲。改革开放前，村里不通路、不通电、不通

青天乡老鸭村新貌

水，家家户户土坯房，一到青黄不接时就饿肚子。

"松当灯，椒当盐，养猪为过年，鸡蛋换油盐。"这句话道出了当年老鸭村群众生活的艰辛。多年来，因为交通闭塞、山多地少，外地姑娘不愿嫁进来受穷，老鸭村被人们称作"光棍村"。2014年建档立卡贫困户仍有181户597人，贫困发生率39%。

扶贫劲风起，山村翻新篇。2014年以来，老鸭村坚持支部引领、党员示范、群众参与，狠抓党建促脱贫。将"户脱贫、村出列"作为头等大事和重大民生工程，借帮扶东风激发脱贫内生动力，发展特色产业增强脱贫"造血功能"，抓"双基"建设强化脱贫基础。在县乡大力支持下，老鸭村先后投资2332万元，拓宽硬化道路24公里，修复整治山塘、河流、渠道60多处，易地扶贫搬迁24户，新建功能齐全的党群服务中心、文体广场，打造高规格美丽乡村，发展茶叶、桑叶、茭白、山核桃、油牡丹、四季豆等特色产业基地3722亩，建成村集体光伏电站100kW、户用光伏电站330kW……

如今的老鸭村，公路四通八达，宛如彩练山间绕。基地里茶桑长势喜人，光伏发电板熠熠生辉。易地扶贫搬迁安置房，红墙白瓦，绿树掩映。97%以上的农户住上楼房，组组通水泥路，近一半家庭拥有小轿车，人均可支配收入9815元，村集体经济收入达50万元以上。2017年，老鸭村成功脱贫出列。到2018年年底，老鸭村贫困发生率降至0.38%。昔日灰头土脸的"老鸭"已嬗变成美丽的金凤凰。

■ 故事三：美丽乡村引客来

一座座青山紧相连，一朵朵白云绕山间。大山的怀抱里，安卧着一座小村庄，红瓦白墙，绿树掩映，宛若天然的大盆景。村庄里接二连三开起了农家乐，一块块鲜艳的招牌分外醒目，这里是岳西县来榜镇横河村。

"去年国庆开业的，一年赚了10万块。"来榜镇横河村贫困户余夕来2017年开起了农家乐，一年实现脱贫摘帽。

岳西县来榜镇横河村鸟瞰

　　农家也能吃上旅游饭，得益于农村环境专项整治行动。2017 年，岳西县在安徽省率先启动农村环境整治行动。坐落在 318 国道旁的横河村，曾被外地人戏称为"茅厕一条街"。昔日，公路沿线 200 米长的路边，都是危房、猪圈和旱厕，垃圾随处可见，苍蝇蚊虫乱飞。人们笑话横河："有女不嫁横河，路边尽是厕所。山路泥泞弯曲，出门上路爬坡。"

　　现在的横河村，干净得令人难以置信。借助农村环境改善行动，横河村大刀阔斧推进"三清三改"，即清理生活垃圾、清理污泥杂物、清理乱堆乱放，改农村旱厕、改牛栏猪圈、改柴棚脚屋。拆除旱厕后，镇村通过奖补政策，引导农户安装三格式化粪池，在房前屋后配建小花圃、小果园。村里统一规划新建了农民活动中心、农民健身广场、公共停车场、公厕和垃圾屋，垃圾有专人收集和清理。

　　村庄变美了，外地来旅游度假的人越来越多。余夕来说，过去靠务农和打零工，一年到头也就 1 万多块钱收入。现在开农家乐，一年收入顶过去七八年。除了开农家乐，村里群众靠卖土特产也赚了个盆满钵满。横河村分岭组贫困户王学炉去年卖野生猕猴桃，就挣了 7000 多元，这是以前想都不敢想的。

■ 故事四：大河有水小河满

在脱贫攻坚不断推进的关键时期，岳西不失时机地创设了脱贫攻坚整村联结机制，成为打好脱贫攻坚战的又一利器。

大歇村是岳西整村联结机制的一个样本。这个村位于主簿镇北部，贫困程度较深，2017 年年底这个村的贫困户全部出列。大歇村通过谋划文化旅游产业，建设美丽大歇，整合资产收益，村集体和村民收入"共进共退"，实现全体村民利益联结。

深山中的大歇村

目前，大歇村共整合投入各项资金 1500 多万元，完成整体搬迁建设和中心村庄的基础设施建设，实现了中心村庄的绿化、亮化和美化。大歇村先后建成民间艺术馆、河畔书社、家谱文化馆、农耕文化园，开发了"502

石窟"。村党支部书记汪品峰说服两个交通不便的深山村民小组共 51 户 193 人，整体搬迁到中心村庄。

汪品峰介绍，如今的大歇村成了远近闻名的旅游村、文化村，十里八乡的游人以及远在合肥、武汉的人都来这里游玩。大河有水小河满，村集体收入和村民收入稳定增长，美丽生态和原生态文化成了大歇村脱贫攻坚的核心竞争力。

大歇村民俗馆

第二节 扶贫花开香满园

一、群众内生动力得到有效激发

"只要有信心，黄土变成金。"岳西县通过对干部群众的宣传、教育、培训等，大量贫困户树立了"宁愿苦干，不愿苦熬"的观念，靠辛勤劳动改变了贫困状况。

■ 故事一：残疾不失志，助残勇追梦

"薄薄一张 A4 纸，不足 400 字，实际内容只有 4 项。甲方责任 3 条，无偿提供仔母猪、跟踪服务、承担疫病风险并补偿饲料人工损失。乙方责任只有 1 条，不得转卖或阉割母猪，确保繁育生殖。"这是一份《无偿提供仔母猪扶残助残》协议书，乙方是岳西县的低保残疾人。2007 年以来，岳西县已有 200 多名残疾人签署协议，领养 1550 头仔猪或母猪，每户实现增收 6000 元至 1 万元。

和平乡西溪村储昭华（右二）
正在传授酿酒技术

其中一份协议书，甲方是储昭华。他年轻时因一场意外，失去了双手和一只眼睛，但他坚信，别人能做的自己也能做，自强不息，用残缺的手和满腔热情，演绎着精彩人生。自己能过好还不够，致富后的他还要带领大家一起过好日子。他艰辛创业、无私助残的事迹在城乡大地被广为传诵。

从做中药材小生意开始，储昭华没日没夜地干，不仅解决了温饱问题，手头还有了积蓄。看到身边的残疾朋友多数生活困顿，头脑活泛的他有了带领残疾兄弟脱贫致富的梦想。为了实现这个梦想，他开始了自己的追梦历程。

从办食品厂开始起步，他办养猪场，办养鸡场，办养兔场，办酒厂。这期间，储昭华经历过厂子倒闭乞讨过日子的沮丧，也享受了酿酒成功后的喜悦。追梦之路，苦尽甘来。在当地残联的帮助下，储昭华的事业走上了正轨，一个个项目先后开办起来。

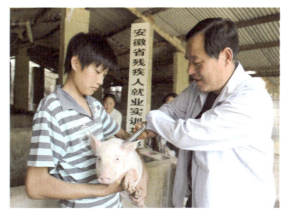

储昭华（右）在给猪仔注射疫苗

2007 年，他的酒厂和养猪场被省残联确定为残疾人就业实训基地。基地培训残疾人 1000 多人次，年产纯粮食酒 20 吨，现存栏母猪 78 头、种公猪 1 头、育肥猪 300 多头，年产值 100 多万元，辐射带动 137 名残疾人就业。

2010 年，储昭华又启动"贷仔养猪，出栏还本"助残工程，贷仔养猪 100 户，无偿为 27 户困难残疾人提供猪仔，当年帮助 200 多名残疾人脱离贫困。

和平乡 53 岁的刘庭月天生重度肢残，丈夫是个聋哑人，家庭生活困难。储昭华得知情况后，通过贷仔养猪项目主动送给她家 4 头猪仔，刘庭月当年就赚了 800 元钱，改善了生活。第二年，储昭华又无偿赠送她 3 头猪仔，她家的日子渐渐好起来了。

近年来，在县政府的大力支持下，储昭华成立了兴残农业开发有限公司，启动建设集纯粮酒加工酿造、残疾人托养、残疾人康复为一体的兴残农业公司综合大楼，启动建设集长毛兔养殖、水产养殖、娱乐休闲为一体的养殖产业园。他雄心勃勃，要为全县万名残疾人撑起一片就业蓝天。"春节过后，我们的护理中心就可以为 50 位老年残疾人提供养老护理服务了。"储昭华介绍，他的梦想就是开办一个"残疾人之家"。

■ 故事二：昔日贫困户，今朝"领头雁"

岳西县莲云乡莲塘村易地扶贫搬迁点，一排排新建的两层小楼分外惹眼。搬迁户余方设家敞亮的客厅内，"90 后"女村官储文娟正在帮助他制订新一年产业发展计划。

储文娟生于 1991 年，2004 年母亲因车祸去世，家里全靠父亲储权江跑短途客运维持生计，日子过得很清苦。2014 年年初，她家被评定为建档立卡贫困户。

要摘掉穷帽，关键靠自力更生。考上大学的储文娟写信给父亲，鼓励他发展特色种养业，同时搜集养殖技术教给父亲。一年下来，她家通过养母猪、养鸡、种四季豆、栽桑养蚕，实现增收 3 万余元，日子慢慢好了起来。储文娟家于 2014 年年底率先脱贫。

"母亲去世早，我小时候经常得到乡亲们的帮助，现在到了我来帮助他们的时候了。"储文娟是这样想的，也是这样做的。她又打电话给父亲，请他把种养和防疫等技术教给周边贫困户，帮助他们发展种养业，引导他们实现产业脱贫。

2016 年年底，为支持家乡脱贫攻坚事业，大学毕业后已在国企上班的储文娟，响应县里"大学生回归工程"号召，毅然放弃年薪 10 万元的优厚待遇，返乡应聘成为一名专职从事扶贫工作的村级后备干部。精明干练、熟悉电脑操作的她，不仅能胜任村级扶贫工作，还经常参与全乡扶贫大数据分

储文娟（左）在帮助易地搬迁户制订产业发展计划

析，其青春靓丽的身影成为脱贫战场上的一道风景线。

在村级后备干部岗位工作近两年，储文娟工作思路清晰、办事公平公正、敢于创新创业，赢得了全村群众的信任。在 2018 年举行的村"两委"换届选举中，她以高票当选为莲塘村村委会副主任。

二、干部作风大转变

岳西县委、县政府向安徽省委立下军令状，2018 年在全省率先脱贫摘帽。要高质量兑现这一庄严承诺，县委、县政府和全县干群都倍感压力。压力就是动力，但动力来源于哪里呢？人的因素是关键，干部作风是核心。县委、县政府充分认识到了这个关键点和核心点，决心借助脱贫攻坚这股东风，引领干部提升工作作风。在人的因素方面，县委、县政府坚持尊重人、重视人、依靠人、调动人、为了人，全力调动广大干群的积极性，让他们在脱贫攻坚和其他各项工作中充分发挥聪明才智。在作风转变方面，出台相关政策规定，打消干部顾虑，为各级干部干事创业撑腰，只要是为了脱贫攻坚工作、为了群众、为了事业，可以容错；要求广大党员干部发扬大别山革命老区精神，勤政廉政，一心为民，深入基层，联系群众，求真务实，开拓创新。全县上下各级干部撸起袖子，与全县 40 万人民一起，齐心协力加油干，不仅如期兑现了脱贫摘帽的承诺，干部的工作作风也焕然一新。

■ 故事三：送"年肉"

"祥明，你快点回来，天麻组汪中美老人送了块猪肉到家，怎么推都推不掉呀！" 2 月 1 日，河图镇皖源村村委会主任汪祥明正在镇上开会，接到妻子打来的电话。

"怎么回事？"汪祥明问。

"他说要感谢你，我问感谢什么，他也不说缘由。"汪祥明的妻子答道。

等会议结束汪祥明回到家，汪中美老人已走，一大块猪肉放在桌上。汪祥明好生疑问：汪中美 70 来岁了，夫妻二人生活，是村里的特困户，他为什么送猪肉感谢我呢？感谢我什么呢？

带着猪肉和疑惑，汪祥明来到了汪中美家。

"汪主任，你把猪肉送回来，说什么都不行！"汪中美犟脾气来了，"这几年村里一直给我评低保，给我修房子，上个月还送了个电视机给我。前几天我家的电线坏了，村妇联程主任知道后，立即联系电工给我搞好了。我是真心感谢你们啊！这大过年的，你们还天天在外面跑，太难为你们啦。刚好我家今天杀年猪，我自家养的黑猪，肉好吃些，就挑了几块'年肉'给你们村干部一人送了一块，表表心意。"

"原来是这样啊，谢谢老人家。日子过好了，那是党的扶贫政策好呀；为您做点事，是习总书记要求的呀，也是我们应该做的。要谢，您得谢谢党的好政策。您这心意我们领了，肉万万不能收，这是逼着我们犯错误呀！"

送"年肉"

"你可莫吓我，吃块肉还能犯了法？你们一定要收下，不然我明天又要送去，我这么大年纪，你们总不能让我跑来跑去吧。"

汪祥明非常了解这个老人倔强的性格，强行退回会伤了老人一片好心，而且还会再送来。他脑子一转，心生一计。告辞汪中美老人后，立即把猪肉拎到村里。这时其他几个村干部也都拎了一串猪肉到了村部，大家会心一笑。

大家一块商量了起来。汪祥明说："汪中美是个实在人，性格倔强，也是真心实意，我们要领了这份情，不能伤了老人的心。这样吧，我们自己掏钱买下来，大概每串都是4斤，我们每人拿100块钱给老人家。不过换个说法，就说是村'两委'年终慰问金，给老人家拜年。"汪祥明接着说："我们为老百姓哪怕做一件好事，他们都记得，百姓淳朴，我们村干部更要时刻为他们着想，努力把工作干好。"

大家一致鼓掌："行，就这么办！"

三、人居环境大改善

岳西县围绕"生态宜居村庄美、兴业富民生活美、文明和谐乡风美"的总体目标，推进环境综合整治，全面改善农村环境面貌，开展农村"三变"改革试点，推进美丽乡村建设。农户家庭实现"四净两规范"，即室内净、室外净、厕所净、个人卫生净，生产生活资料摆放规范和生活家具配置规范。涌现出一批产业兴旺、生态宜居、乡风文明、治理有效、生活富裕的美丽乡村示范村。

■ 故事四："土桥"变"金桥"

"土桥"变"金桥"。这是岳西县白帽镇土桥村广大村民眼里家乡的变化。

土桥村村民柯佑生介绍，他从住破屋到住别墅，从饿肚子到吃喝不愁，从出门羊肠小道到小车开进家门，实现住房、看病、上学有保障。柯佑生常对儿孙们说："党的政策真好，我们赶上了好时代。大家现在的日子就像芝麻开花节节高，越来越好。"

2012年，该村首先对中心村庄202户实施村庄改造，拆除旧旱厕128个、危破柴房168间，新建沼气厕所83个、封闭式猪圈130个、隐蔽集中收拾屋184间，改造危房30户，绿化村庄道路9公里，安装节能路灯44盏，建农民健身广场4个，新建小学楼两所，整理自然草坪300亩。同时加大基础设施建设，通过争取项目和外部援助，该村已在9.5公里的土桥河上修建了4座大桥，修通村组公路37公里、水泥路17公里。

在美丽乡村建设中，土桥村形成了一套好的经验做法。该村在美丽乡村建设中坚持"三位一体"，即村党组织主导、村委会主管、村庄建设理事会主抓，规划片群众为建设主体，增强组织力，解决群众自主性不足难题。坚持"三比一促"，即片与片比、组与组比、户与户比，促进村庄建设进度，增强竞争力，解决拆建规划难题。坚持"三结合一集中"，即结合危房改造、环境整治、沼气建设等项目整治村庄，争取外援集中建设公益设施，增强资金整合力度，解决建设资金难题。

土桥村如今是"山上油茶山下花"，特色产业兴盛，村里最困难的人家

"土桥"变"金桥"

也盖了楼房,摘掉了穷帽子。村内组组通水泥路,有90%的农户小车能开到家门口。路灯、篮球场、图书室、健身广场样样都有,呈现出"青山绿水庭院美,白墙红瓦农家乐"的美丽风景。

交通方便,加上生态环境好、空气好,土桥村成了乡村旅游的美丽景区,经常有外地游客来旅游度假。

■ 故事五:美好人居引凤还巢

沿着蜿蜒的361省道可到达田头乡泥潭村。泥潭村位于岳西县南部边陲,与太湖县接壤。几年前,该村还是一个"脏乱差"的小村庄。

随着生态脱贫工程的实施,一条清澈的小河穿村而过,排污管道、污水处理设备一应俱全,小河里不时传来鸭子的嬉戏声,两岸的垂柳和花圃给小河镶嵌上了花边,两旁居民都建起了小洋楼,每家每户都通上了水泥路,每户门前整齐地摆放了垃圾桶,果园、茶园、菜园相映成趣,俨然一座美丽的花园。

近些年来,该村投入近300万元实施"三改三化",开展"四净两规

田头乡泥潭村环境整治后大变样

范"，大力推进农村环境整治，人居环境发生了翻天覆地的变化，吸引了不少外出务工村民回乡创业。

蒋恩华是该村一名大学生，几年前一直在外面发展，现在回乡在村扶贫工厂当起了主管。他说："以前家乡到处脏兮兮的，环境太差，交通也不方便。现在不一样了，环境这么优美，跟城里没有区别，还能呼吸到清新的空气，当然情愿回乡发展哟。"

种植大户蒋结华前几年在湖北等地种植蔬菜，如今回村建起了紫薯和蔬菜种植基地。他说："我的蔬菜喝这么干净的水，呼吸这么新鲜的空气，在市场上更受欢迎，价钱也更好。"

近几年，岳西县投资近7000万元实施农村环境综合整治项目，投资近3500万元"改厕"，投资近两亿元治理农村污水，投资近9000万元实施城乡环卫一体化项目，规范化处置城乡生活垃圾，像泥潭村这样的秀美村庄如雨后春笋，遍布大别山深处。农村人居环境大幅改善，居民幸福指数显著提升，吸引近两千名优秀青年回乡发展生态种养、生态旅游、健康养老，留住了浓浓乡愁，带领群众增收致富奔小康。

四、绿水青山变金山银山

善谋者胜，远谋者兴。"生态保护与生态开发并不是非此即彼的关系。秉持生态优先、绿色发展的理念，始终是岳西实施精准脱贫的生命线。"安庆市委常委、岳西县委书记周东明说。

岳西以"生态优先、加速崛起、富民兴县"为主线，勇当绿水青山与金山银山相统一的县域创新发展排头兵，实现从"靠山吃山"到"绿水青山就是金山银山"的华丽嬗变。

■ 故事六：守住生态底线

作为安徽省唯一的纯山区县和长江、淮河中下游的重要水源补给区，国家重点生态功能区，在脱贫攻坚的发展大潮中，岳西并没有被动地被裹挟进来，而是依托自己的生态优势，坚持"生态立县"战略，打生态牌，走生态路，将生态优势转化为经济优势，在生态环境得到保护的同时，也走出了自己独特的生态经济之路。

"对于很多地方来说，一年上缴利税能达到800万元的企业多的是，但在岳西，这就是最好的企业了。"周东明说，虽然岳西发展经济也需要引进项目，但有一个底线，对生态有影响的企业一律不能进来。

为了保护生态，岳西为项目引进设置了四道"门槛"，严禁化工类、高能耗类、生态资源损耗类、高排放类的项目入驻。有一家大型化工企业的老板对周东明说，如果同意项目在岳西落地，当年就能上缴1000万元税收，周东明却拒绝了这家企业。周东明说，在岳西这个生态保育区，化工企业是绝对禁止上马的。

还有一个大型造纸企业看中了岳西丰富的森林资源，希望能入驻进来，企业老板承诺，项目将在岳西投资5亿元，年税收可达5000万元。这对于岳西来说，是一个诱惑，但周东明坚决拒绝了。企业老板又表示他们从国外进口废纸来作为生产原材料，不会砍伐这里的森林。但周东明考虑到造纸企业的污染问题，最终还是没有同意。

此外，周东明还拒绝了一家投资 1.2 亿美元、年税收 1 亿元的化工企业。

拒绝了这么多大项目，也意味着拒绝了巨大的税收，作为岳西"一把手"的周东明，后悔不后悔呢？对于这个问题，周东明的回答是"不后悔"。他说："对岳西来说，不论是现在还是将来，第一，生态资源是我们最大的资源，也是我们最大的优势；第二，生态资源是我们最具吸引力的资源；第三，生态资源是我们最具竞争力的资源。如果生态环境因为引进污染企业而被破坏，那才是我们的最大损失。"

保护生态环境，并不意味着就不发展工业了，而是要精挑细选，发展生态型工业，让无污染、附加值高的企业入驻进来。岳西县优良的生态环境，也吸引了不少高新技术企业入驻，生产喇叭软件（振盆、振膜和线圈）的信华电子就是这样一家企业。总经理韩建平说，企业对环境的要求比较高，生产车间必须无粉尘，而岳西的环境好，能达到这样的要求，正是这一点吸引了他们前来投资。

良好的生态环境已经成为岳西的金字招牌。在迎接皖江城市带产业转移方面，岳西县积极、理性地承接项目，不降低生态保护的门槛，先后培育天馨纺织、明威照明、瑞林压铸等一批生态示范项目和高新技术项目，为全县工业经济发展注入了新的活力。

■ 故事七：守山护林卖风景

一个晴明的秋日，金色的阳光洒向大地。满载着游客的旅游大巴车，一辆接一辆地开进坐落在岳西县黄尾镇的大别山彩虹瀑布景区。位于景区内的五谷饮农家乐边上，女主人胡霞正在自家菜园里摘菜，为预定午餐的两桌游客准备食材。

胡霞 2012 年开始经营农家乐，前两年年均收入 8 万元左右。随着彩虹瀑布景区声名鹊起，游客越来越多，农家乐的生意也更加红火，2018 年收

胡霞在彩虹瀑布景区边上经营的五谷饮农家乐

入达到 30 多万元，仅"十一"黄金周期间，农家乐纯收入就有 3 万多元。

黄尾镇地处江淮分水岭，境内山清水秀，全镇森林覆盖率达 90%。县镇两级政府以旅游扶贫为抓手，依托优质山水资源招商引资，成功开发国家 4A 级大别山彩虹瀑布景区。镇政府累计投资 1071 万元，在景区、镇区和干道沿线，实施绿化、亮化、硬化、美化、序化、净化工程，拆除大量旧房屋、牛栏、猪圈等，新增绿化面积近 1 万平方米、鹅卵石景观护坡护坝 4000 米、茶园果园观光步道 1000 米，再造一道乡村旅游风景线。

景美了，四方游客纷至沓来。"过去靠山吃山，家家户户扛着斧头上山讨生活，树砍光了，泥石流也多了，日子越过越穷，许多人被迫外出打工。现在有了这彩虹瀑布景区，我们在家搞农家乐、卖土特产，日子是芝麻开花节节高。"胡霞开心地介绍。

旅游业作为一种全新的业态，让黄尾这个大别山里的小镇迎来了蓬勃生机。从 4A 级的彩虹瀑布景区，到建设 5A 级的彩虹谷景区，再到打造马元古村落，小镇的旅游版图得到快速拓展，从引导发展农家乐，到适时成立"彩虹之约"农家乐协会，统一规划、管理、宣传和培训，当地政府的一系列组合拳，让胡霞信心十足，干劲倍增。

彩虹之约，美食之乡。旅游业已成为黄尾小镇的首位产业。截至 2018 年年底，这里投入运营的"彩虹之约"农家乐已达 105 家，日接待能力过万人，初步形成了一条跨度约 3 公里的"U"字形农家乐精品线路。2018 年营业额超过 3000 万元，直接和间接带动就业两千余人。

05
Chapter

反贫困战场上的
"岳西样本"

发展中国家城乡协调发展与减贫官员来岳西考察学习

第一节　建个好支部，胜过送钱物

农村要发展，农村要致富，关键靠支部。贫困村之所以贫困，除了自然、历史等因素外，更重要的是领导班子和干部队伍问题，是观念、信心和能力的问题。

近年来，在习近平新时代中国特色社会主义思想指导下，岳西县坚决贯彻落实党中央脱贫攻坚总体部署，牢固树立抓好党建是最大政绩、推进精准扶贫是头等大事的理念，坚持抓党建促脱贫，着力提升基层党组织的组织能力。

头陀镇梓树村党支部第一书记郭逢春（右二）与贫困户看着长势喜人的红心猕猴桃都笑开了颜

■ 故事一：扶贫书记真棒

岳西县响肠镇响肠村贫困户方孝的鸡棚里臭气熏天，可村党支部第一书记、扶贫工作队队长、县公路局选派干部王胜利，在里面一待就是两个多小时。他为方孝请来了镇兽医站的兽医，为鸡打预防针。

方孝以前在外打工，2016年回乡，想养鸡创业。王胜利全力支持，跑上跑下联系鸡棚建设场地、资金和鸡苗。在王胜利的协调下，方孝很快租到了土地，建起了养鸡场。养鸡场引进鸡苗3000多只，但鸡长到一斤多时，发生了鸡瘟，死掉2000多只。惨重的损失，让这个贫困的家庭雪上加霜。

方孝情绪低落，心灰意冷。王胜利很是心疼，多次来鸡场了解情况，帮助分析原因，宣传扶贫政策，引导方孝重振信心，并帮助方孝申请扶贫小额信贷3.5万元，及时解决他各方面的困难。

响肠镇响肠村扶贫工作队队长、县公路局选派干部王胜利（左）帮助贫困户方孝建起养鸡场

2017 年，改建一新的鸡圈，养起了 3000 多只新品种鸡。经过精心饲养，再也没有发生鸡瘟，当年就获纯利两万多元。

尝到甜头的方孝，再次扩大规模，并引导周边老百姓养鸡。他无偿印发养鸡知识手册，无偿提供技术支持，成本价供应鸡苗。现在，方孝不仅自家富裕了，还带动一方百姓富裕。

方孝成了响肠镇响肠村的致富能手，2017 年被评为岳西县脱贫致富示范户。他逢人就说："扶贫政策真好，王书记真棒！"

■ 故事二：真心为民的川岭村"两委"

包家乡川岭村地处岳西县西北边陲，大别山主峰区。山高岭阔，交通闭塞，出行不便一直制约着川岭村的发展。到 2013 年，村里还没有一条通组水泥路。晴天一身灰，雨天一身泥，山里山外的货物进出全靠肩挑背驮。村民们凑到一起就谈论："像我们川岭这样的深山野岭，何时有条像样的路啊？我们什么时候才能脱贫啊？"

群众的期盼，村"两委"看在眼里急在心里。"要想富，先修路，大家勒紧裤带也要把水泥路修起来，这不仅是脱贫致富奔小康的大事，更是造福子孙后代的大事。"2014 年，川岭村"两委"决定想尽一切办法，将川岭村脱贫致富的路修通。

川岭村已建成的西冲路

村"两委"决定从最长最难的大川岭修起。工程造价 120 万元，但村集体一分钱都没有，这钱从哪里来？村"两委"班子成员各显神通，通过多方争取，不到 3 个月就筹到了 95 万。还有 25 万的缺口怎么办？村委会主任华同春想出了一个点子：群众集资，村"两委"带头。于是，村党支部书记王传林和华同春立即带头分别捐款 5000 元，在他们的带动下，不到一个星期，群众就捐资 25 万余元，解决了修路资金短缺问题。不到两个月，这条脱贫致富路就高质量完工了。

另一条通组路西冲路，要占用邻村土地，但部分群众不愿意让出土地。从挖路坯开始，4年多时间都没有修起来。2017年，包家乡党委政府要求川岭村必须在一年内修好这条路。村"两委"指派敢冲敢闯、敢于碰硬的华同春再次领头修建。华同春果然不负众望，在规定的时间内道路通车了。2018年5月4日，华同春在入户途中不幸踩空跌下悬崖，牺牲在这条扶贫路上，永远地离开了他挚爱的乡亲和事业。

村"两委"一班人在短短4年内，还筹资修建了傅湾、中心、栗园等6座中型桥，川岭村8个组近700人受益。

现在的川岭村四通八达，进出货物车来车往，基础设施建设齐全，村民生活质量大大提高，家家户户脱贫致富了，都住上了漂亮的楼房。村民们凑到一起就赞扬党的脱贫好政策，赞扬村"两委"真心为民。

■ 故事三：银杏树的故事

岳西县古坊乡上坊村有一棵树龄500岁的银杏，生长在徐老屋和新民两个居民组中间，树干粗大，需六七人合抱，枝叶繁茂，冠盖两组，春夏浓荫覆盖，深秋黄金遍地。

曾几何时，这是一棵"伤心树"。

当年，因为贫穷，两个村民组的居民为了争夺树上的白果卖钱度日，曾发生旷日持久的纷争，甚至经常大打出手。官司一度打到省级法院，惊动三级党委政府。由于起因复杂，牵涉面广，矛盾激烈，各级组织的调处都局限在

古坊乡上坊村银杏树

"白果"本身获益如何分配这个角度，最终无法协调，甚至有人提议要砍树来终止纠纷。

但砍树真能终止纠纷吗？肯定不能。

脱贫，尽快脱贫，让大家都富起来，纠纷自然就平息了。随着脱贫攻坚的深入推进，偏僻闭塞的古坊乡公路畅通了，产业发展了，群众富裕了，这两个居民组再也没有因为这棵银杏树争得面红耳赤了。

但这棵"伤心树"仍是两组居民的"面子树"，谁也不愿意放弃。

"伤心树"如何变为"和谐树""摇钱树"，是对基层组织治理方式和能力的考验。

古坊乡党委政府引导当地居民围绕古树做文章，变"伤心树"为"景观树"，招商引资，筑巢引凤，打造民宿、观光等旅游品牌。于是，银杏树下，"婆媳土菜馆""尚古土菜馆""木兰农庄""天地山水农庄""玮恬妈妈生态体验馆"等品牌农家乐、娱乐馆和健身场馆，雨后春笋般地建了起来。白天这里人流如织，生意兴隆，夜晚这里霓虹闪烁，流光溢彩。"伤心树"真的成了"和谐树""摇钱树""富裕树"，成了脱贫致富的"景观树"，更成了基层组织治理能力提升的"标志树"。

第二节　夜校添信心，黄土变成金

精准扶贫以来，为推行"志智双扶"，激发贫困户内生动力，岳西县在乡村开办扶贫夜校，向贫困户讲政策、传技术、鼓干劲、解疑惑，提升贫困户综合素质、增强贫困户"造血"功能、坚定贫困户脱贫致富的信心，使扶贫夜校成为融洽干群关系的连心桥、锻炼基层干部的重要平台、脱贫攻坚的"加油站"。截至 2018 年底，全县已组织举办"扶贫夜校"4000 多场次，参学贫困群众达 8 万多人次。

市委常委、县委书记周东明在扶贫夜校宣讲党的十九大精神

■ 故事一：重新振作的郑光寿

"几年前受了一些打击，使得我们夫妻俩很消沉，通过参加扶贫夜校，与镇村干部和扶贫工作队的面对面交流、谈心，我们夫妻俩现在很有信心。"岳西县黄尾镇严家村马家组贫困户汪翠霞说。汪翠霞家原本是一个幸福的家庭，夫妻俩勤劳能干，儿子帅气懂事，老父亲也能帮忙照应家。

天有不测风云，2012 年，汪翠霞丈夫郑光寿骑摩托车带她办事时，发生交通事故，导致汪翠霞左肱骨骨折，左小腿胫腓骨骨折，左髌骨骨折，经鉴定为三级残疾。事故中，郑光寿右手掌骨骨折。然而祸不单行，2013 年 7 月，正在读大学的儿子因意外去世。接连的打击，令汪翠霞夫妻俩对生活失去了信心。

"刚参加扶贫夜校时，就想着没事儿去看看热闹，没想到他们讲得很好，扶贫政策说得很明白，生产技术很实用，特别是镇村干部的谈心、鼓励很真诚。"汪翠霞介绍，上扶贫夜校后，感触很深，想着不能老是给政府拖后腿

黄尾村扶贫夜校宣讲党的十九大精神

了，要积极面对生活。

振作起来的郑光寿被镇村推荐到负责岳西城乡环卫工作的玉禾田公司上班，因表现出色，被确定为玉禾田公司黄尾镇片区的负责人，现在每月工资近 4000 元。

■ 故事二：在扶贫夜校尽情吸收营养

岳西县黄尾镇平等村汪秀，当初因为穷，怀有身孕的她因拿不出 50 元的 B 超费，整个孕期都没做过 B 超，直到临产时都不知胎位不正，因难产，第一个孩子出生时就夭折了。

不甘贫穷的汪秀始终没有丧失信心，一有发展的机会或路子她便要了解清楚。自从村里开办了扶贫夜校，汪秀每次都会早早赶到，如饥似渴地吸收知识的营养。

"扶贫夜校里的养鸡培训对我帮助非常大，专家讲解后，我对生态土鸡市场增添了信心，对养殖技术也有了把握。在政府的帮助下建起了养殖基地。"汪秀说。

现在汪秀的养殖基地中，新栽了很多果树，有桃子、杏子、李子、葡萄、樱桃等。"这是从扶贫夜校授课老师那里学来的。"汪秀说，"发展生态立体种养殖，前来买鸡的客户可以欣赏美景，又可以摘果子吃。"

2018 年，汪秀卖出 1000 多只土鸡，山上 4 亩茶园一年也能赚 5000 多元，自己种的蔬菜也能拿出去销售。加上丈夫的打工收入，现在全家一年的收入超过 10 万元，早就摘掉了贫困帽子。

已经脱贫致富的汪秀走上扶贫夜校讲台。她的苦难经历、执着追

通过发展生态养殖，汪秀成了当地"土专家"

求、勤劳致富的故事每次都能引起参学干群的强烈反响，赢得热烈的掌声。

"政府的帮扶是外力，幸福生活还要靠自己奋斗。"在政府扶持和鼓励下，汪秀的心思也越来越大，"今年丈夫继续外出打工，我准备再扩大养殖规模，建一个休闲度假生态农庄。"

微视频:《明灯》

第三节 走群众路线，获力量之源

群众路线是党的生命线，群众满意是检验工作的根本标准。岳西县在脱贫攻坚战中，坚持走群众路线，创新建立"认真学、户户到、事事清、问题解、不过夜、回头看"的群众工作方法，从县直单位抽调 1474 名干部职工，组建 186 个工作专班，全部驻村开展工作，实现全县 182 个村和 4 个有扶贫任务的社区全覆盖。各专班围绕"六步工作法"要求，对全县贫困户和非贫困户开展"大走访、大排查"活动，了解问题和诉求，不漏一户、不漏一人，做到人在家必进门、人在外必通话。白天入户查找问题，傍晚会商解决问题，晚上办夜校做说明，确保工作进度快、效果好。

坚持认真学。学习脱贫攻坚和乡村振兴政策，掌握新时代群众工作的方式方法。创办"周末大讲堂"，利用周末空闲时间，定期在县委党校组织县乡干部集中学习。就近就地举办扶贫夜校，既学习政策，又学习实用技术。

坚持户户到。对全县所有建档立卡贫困户和非建档立卡贫困户开展全覆盖走访。突出"五户三偏"，重点走访低保户、五保户、危房户、重病户、残疾人户，地处偏僻、通达偏差、收入偏低对象，做到不留"盲区"不留"死角"。

坚持事事清。在专班核查中坚持做到实打实，建立问题台账、整改台账、交办清单"两账一清单"，确保问题真、情况清、措施准。

坚持问题解，做到"两解一处理"。坚持问题分级解决机制，及时彻底解决问题；对群众反映的不合法不合理诉求或历史遗留问题、一时不能有效解决的问题，旗帜鲜明做好解释；对长期非法上访、缠访、无理取闹及违法活动，依法打击教育处理。

坚持问题不过夜，做到"两商一交办"。实行村级会商、乡镇会商、县级交办。县脱贫攻坚指挥部针对乡镇每天上报的问题，每晚准时召开分析会，限时办结。

坚持回头看，做到"两督一抽查"。县干督查、专班督导、纪委抽查，重点抽查工作开展情况及乡镇、村问题整改落实情况，抽查结果通报全县。

通过专班推进，实现了底数清、情况明，做到了心中有数，密切了干群关系，提高了群众认同感。专班进村找问题，变群众上访为干部下访，岳西县扶贫上访量大幅下降，多数乡镇甚至降为零。

■ 故事一：误解烟消云散

2018年4月2日，岳西县田头乡田头村脱贫攻坚工作专班人员到蒋燕祥家走访，交谈中，她表示对扶贫工作不满意。

通过深入交谈，专班人员了解到该户浇筑入户水泥路的诉求未得到解决，另外2017年蒋燕祥妹妹带其母亲到县中医院看病花了806元也没有报销。

就浇筑水泥路一事，专班工作人员向其做了详细解释，目前县里对通往自然村10户以上、长度在两公里以内的道路有奖补政策，而从村水泥路到该户仅300米，且只有该户一家，不符合交通奖补政策，资金确实解决不了。经过解释，蒋燕祥表示理解。

就其母亲上医院看病未报销一事，专班工作人员查看了病历和票据，经

田头村脱贫攻坚专班人员到蒋燕祥家走访

过详细了解，原来是蒋燕祥的妹妹不知道慢性病报销一事，所以没有报销。专班工作人员立即联系其签约医生询问报销流程，得知2018年慢性病门诊费用是现场报销，2017年慢性病门诊费用是拿票据到县合医办报销，当即叮嘱蒋燕祥带齐相关材料到县合医办履行报销手续，过程中如有困难可电话求助。

弄清情况后，误会很快消除了，蒋燕祥对扶贫工作表示已经满意。

■ 故事二：贫困户变身示范户

"政策越来越好，村里产业发展越来越兴旺，我们贫困户的收入也越来越多，生活好了，干活都有劲了。"王焰发说，脱贫攻坚让他从颓废中醒悟，成为村里的脱贫示范户。

46岁的王焰发是岳西县五河镇叶河村人，上初中时因意外失去右手，曾一度对生活失去信心，每天借酒消愁，生活全靠家人和亲戚资助。

2012 年，王焰发被评议为低保贫困户，消沉的生活有了转机。享受到好政策后，王焰发变得勤劳了，生活态度也积极了。他开始热心公益事业，支持村级工作，支持家乡建设和发展。他带头流转了撂荒田地，加入村里的构树种植养殖合作社，栽植和培育构树。2014 年，他被村里聘请为护林员和构树合作社管理员，每年工资收入有 6000 多元。

如今王焰发是构树种植养殖合作社的管理员，负责养猪、养鱼，同时还是村里的护林员，协助村里其他工作。在合作社，王焰发尽心尽责，他负责饲养的 400 余头生态构树香猪远销省内外，为合作社创下 30 多万元利润，全村 130 户贫困户户均分红 1000 元。

日子越过越红火，王焰发觉得不能只依靠政府补助，一定要自己发展产业才能真正脱贫。2015 年，王焰发带头养殖了 250 只构树鸡，当起了生态养殖示范户。2016 年，王焰发年收入已达 2.7 万元，率先踏上了脱贫奔小康

王焰发（前）在合作社养殖场投放猪饲料

之路。

"国家政策好，但我总不能什么都靠国家，自己多做点，就什么都有了，我现在的生活就很幸福。"王焰发不仅物质上脱贫了，思想上也同步脱贫。

■ 故事三：倔强的"养牛倌"

现年 62 岁的岳西县店前镇银河村村民王来安，2004 年检查出胃肿瘤，性格豁达的王来安并没有放在心上，他的儿子王海峰为了照顾他，放弃了在外务工的机会，主动挑起家庭重担。2016 年下半年病魔再次袭来，王来安检查出直肠癌，手术后王来安只能通过腹部开口进行排泄。巨大的压力导致妻子脑出血，虽然抢救及时，但留下了后遗症。王海峰上有两个病人需要照顾，下面又添了个吃奶的孩子，家庭一下子陷入窘境。

2016 年王来安被评为贫困户。尽管大家都劝王来安要保重身体以养病为主，但是王来安不愿做等着政府救济的闲人。病情稳定后，他就积极协助

王来安虽身患重病但是不等不靠，靠养殖黄牛摘掉"贫困帽"

儿子扩大养殖规模，在产业奖补和小额信贷扶贫政策支持下，建立了生态黄牛养殖场，主动担起"养牛倌"角色，让儿子集中精力去做销售工作。

生态养殖的黄牛以吃草料为主，每天天刚亮，王来安就把牛群赶到两公里外的山场放牧，傍晚再把吃饱的牛群赶回养殖场。每天来回需要4个多小时，步行6公里左右，如果遇到牛群走散了就需要更多时间，有时为找到一头失散的牛，往往要跑十几里路。在外放牛有时挂在腰间的装排泄物的袋子掉了，弄得全身都是，他只有光着身子。考虑到自己身上有异味，他从不出门做客，但是村里开党员会，他总是提前赶到。

2018年，王来安家的养殖场养了15头牛，出栏5头，人均纯收入超过国家扶贫标准，他主动申请脱贫。王来安说："没有党的好政策，就没有我的今天，作为一名党员，在脱贫致富的路上，我决不拖后腿。"

第四节　传红色基因，激奋斗精神

1924年，岳西县境内就有共产党的活动，1927年建立党的组织，土地革命战争时期是鄂豫皖革命根据地的重要组成部分。

1930年2月，请水寨暴动在岳西县发生，建立中国工农红军中央独立第二师，成为鄂豫皖革命根据地四大主力红军之一。

1935年2月，红二十八军在岳西县第三次组建，以岳西县为大本营在鄂豫皖进行了艰苦卓绝的三年游击战争。

1947年，刘邓大军千里跃进大别山，在岳西县创建革命根据地，威胁国民党统治中心南京和武汉，牵制了国民党军队，揭开了全国性战略反攻的序幕。

党带领岳西人民进行了长期艰苦卓绝的革命斗争。为夺取新民主主义革命的胜利，岳西人民付出巨大代价，全县4万儿女献出宝贵的生命，占

"徐大娘舍子救红军"雕塑位于岳西县古坊乡上坊村，再现了 1935 年 10 月，国民党军队到皖鄂边界"清剿"，徐大娘掩护两名红军战士，敌人捕去了她的独生儿子逼她说出红军下落，但她大义凛然，舍子救红军的真实故事

当时岳西人口的四分之一，其中县团级以上干部牺牲了 100 多人，中共安徽省委首任书记王步文烈士就是其中的优秀代表。1984 年，岳西县被确定为老区县。

在风雨飘摇的岁月，为了让后来人过上好日子，跟党走、为革命理想而奋斗成为岳西老区人民的信仰。新的历史时期，在党领导下，40 万英雄后代传承"理想坚定事业必胜、严守纪律永跟党走、不怕牺牲甘于奉献、联系群众生死与共、实事求是艰苦奋斗"的大别山革命老区精神，把人民对美好生活的向往作为奋斗目标，再战大别山！

人物故事一:

生命献给第二故乡

一天走访完 29 户贫困户,之后,他 29 岁的生命定格在扶贫路上。2017年 12 月 3 日,岳西县冶溪镇溪河村驻村扶贫工作队队长刘扬彧在下乡走访途中,不幸发生车祸,因抢救无效殉职。他的微信朋友圈停留在 2017 年 12月 1 日凌晨 2 点 47 分,是他开完脱贫攻坚会议回到国土所的截图。溪河村陶边组贫困户陶平和、红星组贫困户董财水听说这个噩耗后,极度伤心,几夜没合眼,几天没吃好饭。

"第一次与村干部和群众代表见面,欢迎刘扬彧的目光中也带着一些质疑。"溪河村党支部书记胡时和回忆说。面对质疑,刘扬彧没有气馁,他说:

刘扬彧(前排右一)参加献爱心活动

"今天起，溪河村就是我的第二故乡。"一个月间，他走遍了溪河村的每一个角落，全村 251 户建档立卡户，他每户必到。

"贫困户的事就是工作队的事。""与贫困户密切相处，真心实意帮扶。"刘扬彧写在扶贫日志上的话，也写在他心上，落实在行动上。溪河村在他的带领下，247 户建档立卡贫困户 741 人顺利脱贫，村庄面貌焕然一新，他殉职之后的 2018 年溪河村顺利通过国家第三方评估验收。群众都称赞他是溪河村脱贫的领路人。

"刘扬彧来之后，村里新修村组道路 4.5 公里，2600 米堤坝就要完工。村部门口的活动广场是他牵头兴建的，几乎天天都有人跳广场舞。桑园扩大到 1200 亩，茶叶、百合基地逐渐形成规模，扶贫车间相继建成。美丽乡村项目也是他生前促成的，现在村里已经旧貌换新颜。"溪河村党支部副书记周江淮由衷钦佩刘扬彧。

从一名农村孩子成长为基层干部，刘扬彧一步一个脚印，平凡而真实，带着满腔的信心与激情，全身心投入到脱贫攻坚工作中。他是领导眼中勤奋有担当的好同志，是同事眼中的好助手好伙伴。

刘扬彧年纪轻轻就走了，他割舍不下的有家人有战友，还有未竟的事业。送别刘扬彧的那天，岳西县 100 多位扶贫队队长含泪许下承诺："您未走完的路，我们定将继续前行，岳西必将幸福花开遍地！"

人物故事二：

草木同春写忠诚

2018 年 5 月 14 日下午 4 点，岳西县包家乡川岭村村委会主任华同春走访贫困户途中不幸跌下悬崖，经抢救无效，于当晚 9 时许殉职，终年 54 岁。

当天上午 8 点，川岭村召开村脱贫攻坚碰头会。9 点会议结束后，华同春走访了墩岭组和徐畈组。中午 1 点左右，华同春吃完简餐后，与扶贫专干陈云一起，到胜利组张岳南户检查危房修缮情况。接着他来到中心组贫困户杜惟生家，查看该户位于山上的危旧老屋拆除情况。走出杜惟生老屋不到 60 米，因连日劳累过度，山高路险，他一脚踩空，跌入 20 余米深的山崖。

华同春为了川岭村的脱贫与发展可为呕心沥血。川岭村集体光伏电站是包家乡 2016 年光伏扶贫项目，其

华同春（右二）走访贫困户

中村集体 100kW，本村及外村农户共 75 户 225kW。在光伏电站建设的选址阶段，有家农户本来同意将田地出租，但临到开工前一天突然变卦。华同春心急如焚，连夜赶到该农户家做工作，第二天 7 点，该农户终于答应。8 点，川岭村集体光伏电站顺利开工。

川岭村自然环境好，适宜发展茶产业。为切实提高群众收入，华同春决定大力发展茶产业，在抓好低产茶园改造的同时，引进"石佛翠"新品种，建设有机茶基地。自 2014 年开始，华同春带领村民每年新建高标准茶园 200 亩左右。

"华主任为了发展茶园付出了大量心血，为我们提供茶苗和肥料，请挖土机也没让我们掏钱，我家几乎没花钱就新发展了 8.7 亩茶园，成园后每年增收肯定在两万元以上。"墩岭组的朱大义说。

2017 年，川岭村产茶叶鲜草 25 吨，产值 150 万元。茶叶成为该村脱贫致富奔小康的支柱产业，"大川岭"牌岳西翠兰享誉省内外。

为解决川岭村出行不便的问题，2014 年华同春带头捐款 5000 元用于修建大川岭片通组路。2017 年华同春负责西中路的建设。多年来，这条路涉及了 30 多户村民的土地问题，始终修不起来。2018 年初，华同春挨

家挨户反复做工作，为群众打通了这条致富路。华同春殉职时，西冲路最后一段正在浇筑中，现在已全线贯通了，可他再也看不到了。

川岭组包仕爱因先天性近视导致视网膜脱落，经鉴定为二级残疾。包仕爱一家住在土坯房里，安全隐患大。在华同春苦口婆心的劝说下，2016年，包仕爱终于愿意建新房，享受两万元危改资金。由于建房缺口资金太大，华同春为其多方争取并为他家张罗盖房子所需的石子、钢筋、砖等建筑材料。

"要不是华主任，我家还不知道什么时候能住到新房里。"谈到华同春的帮助，包仕爱泪流满面，"2014年住院期间，看到我家实在是困难，华主任前前后后自掏腰包给了我家3000元，让我渡过了难关，我们全家一辈子记得他的好。"

"生活困难的时候，华主任嘘寒问暖，送衣服送棉被。""是他手把手指导我种茶叶，才有现在的主要经济来源。"在华同春同志的追悼会上，许多村民抹着眼泪自发前来送行。

人物故事三：

一个石化人的岳西情

2018年，岳西县脱贫摘帽，中国石化集团公司专职扶贫干部朱卫华心里的牵挂终于得到了缓解。

岳西县是中国石化六个定点扶贫县中唯一的革命老区县。从2003年开始，朱卫华几乎每年都要多次到岳西县开展扶贫工作。第一次到岳西时，朱卫华就去了大别山烈士陵园，他被强烈地震撼了。"革命战争时期，岳西县为了中国革命的胜利牺牲了近四万人，占当时全县人口的四分之一。这些鲜活的生命牺牲时大多只有二三十岁，还有许多只有十几岁。"朱卫华神情肃穆地自问：老区人民为国家奉献了最宝贵的生命，如今我们应该为老区人民脱贫做些什么？

带着这个问题，朱卫华一次次来到岳西扶贫，与岳西结下了不解之缘。

2018 年以前，朱卫华是中国石化总部唯一专职做扶贫工作的，一干就是 16 年。他建议总部的扶贫资金和挂职干部选派向岳西倾斜，他的建议得到了总部的认可。

"朱主任对岳西有真感情，岳西人民的事在他心中最大。"岳西县扶贫办主任科员程良生介绍，头陀镇小滑岭自然村孤悬山顶，与外界没有可通车的道路，朱卫华第一次去小滑岭，是步行上去的，当地群众拉着他的手请求中石化支援修条出山的路，朱卫华当即答应列入计划，还特别争取 45 万元实施了道路安保工程。如今，小滑岭群众种植的茭白得以顺利运出大山。

为了帮助岳西发展产业，朱卫华引进红心猕猴桃在岳西试种成功并逐步推广。他还对贫困户开展技能培训；援建乡村小学，扶贫助学。

"岳西县虽然脱贫了，但我想对深爱的岳西说，脱贫不是终点，还要

朱卫华在岳西走访贫困儿童

实现稳定脱贫和可持续发展，逐步提高生活质量实现共同富裕，让老区人民过上有品质、有品位的生活。"朱卫华说。

2014年，岳西县委、县政府授予朱卫华"荣誉市民"光荣称号。2018年7月在"中国石化成立35周年·感动石化特别节目"现场，朱卫华获得"感动石化人物"称号。

人物故事四：

大山深处的爱心使者

刘磊，一名退伍军人，曾经在被称为"生命禁区"的川藏线服役4年，把美好的青春献给了高原。1997年底，刘磊因健康原因，不得不选择退役。

脱下军装，刘磊回到家乡岳西县当起了代课教师。岳西县青壮年劳动力大多外出务工，留守儿童问题较为突出。见不得山村的孩子缺少关爱，2007年，刘磊拿出家中积蓄，凑了3万余元，自费建起毛尖山乡留守儿童服务中心，为孩子们免费提供学习辅导、思想教育、全日制寄宿等服务。中心运作以来，刘磊又自费投入数万元添置书本和家具。200平方米的服务中心，成为毛尖山乡留守儿童温暖的家。

刘磊带孩子们上网，了解外面世界

远离父母，孩子们最欠缺也最渴望的就是亲情。刘磊建起了留守儿童网，孩子们把日记、照片传上网站，还帮助孩子们与在外务工的父母视频通话。十几年来，服务中心已累计为数千名留守儿童提供服务。

不只是服务留守儿童，早在2006年，刘磊就开始担任当地敬老院院长。

敬老院里的五保老人，不少存在智力障碍或身患残疾，生活无法自理。刘磊把每一位老人当成亲人，不怕脏不怕累，为他们换洗衣被、打扫卫生。有天晚上，57岁的储西元老人因疝气发作而呕吐，伴随便血，衣服上、床上都沾满秽物。刘磊毫不迟疑帮助清理，并连夜把老人送到医院治疗。

"老吾老，以及人之老；幼吾幼，以及人之幼。"十几年来，身兼留守儿童服务中心主任与敬老院院长的刘磊，常年在"家—敬老院—服务中心"之间奔波忙碌，过着"三点一线"的生活，将一腔心血都倾注在老人和孩子们身上。他先后获得第三届全国道德模范提名奖、第二届安徽省道德模范、安徽省优秀共产党员等荣誉。

刘磊说："我是一名退伍军人，虽然离开部队，仍然要牢记革命军人的使命担当，尽己所能为群众服务，帮乡亲们做些实实在在的事。"

刘磊与五保老人一起包饺子过大年

人物故事五：

"夫妻档"脱贫路上比翼飞

2014年10月，岳西县地税局天堂分局综合股股长王云芳作为第六批选派干部，到该县五河镇百步村担任驻村第一书记兼扶贫工作队队长；2015年7月，王云芳的爱人、岳西县财政局会计中心的崔春银也被选派到该县白帽镇桥梁村担任第一书记。三年多来，夫妻二人奋战在大别山的脱贫攻坚战场上，被称为"最美夫妻档"。

"我要把家乡建设好。"王云芳坚定自己的选择。2014年她刚驻村时，村里的贫困发生率高，建档立卡贫困户有216户，交通状况差，路面坑坑洼洼，村"两委"班子年龄结构老化严重……第一个月，王云芳瘦了10斤。

崔春银带领贫困户建设村集体采摘园

"着急，因为有很多事情要干。"王云芳说。

路不通，就结合畅通工程修路，2016、2017 年两年村里修的路占全镇的四分之一，现在水泥路通到了每个村民组。没有产业，王云芳和村"两委"班子就找项目，争取到了中石化桑枝黑木耳扶贫项目，用三天时间协调好征地，发展木耳种植 30 亩。改造了村里的厕所、猪圈，建起了休闲健身广场。2016 年，百步村顺利从贫困村出列。

因为驻村扶贫，王云芳一个月有 20 多天待在村里。第一年里，照顾孩子的责任落到了爱人崔春银的肩上。2015 年，崔春银也被选派为第一书记。"他支持我的工作，我也要支持他的工作。"王云芳说。到任后，崔春银也铆足了劲，由于表现出色，还被提拔为镇党委委员。

"我这里昨晚办了一场扶贫夜校，你那里有没有办？"三年多时间里，夫妻二人见面的时间少之又少，偶尔抽空打电话，内容除了孩子，就是扶贫。两人经常互相探讨扶贫工作，崔春银那里党建工作做得好，王云芳就带着村"两委"班子去学习；王云芳这里桑枝木耳产业发展得好，崔春银就带着村里的人来考察。虽不在同一个地方，但两人的目标是一致的，就是打赢脱贫攻坚战。

"我家的生活因为一位阿姨被改变了。""不只是我们家得到了帮助，我们整个村都改变了。""我要好好学习，将来为国家做出贡献。"王云芳的手机里一直存着一个语音文件，是百步村套沟组四年级学生王文星用手机录入的语音版作文《我的生活被改变了》。"每次累的时候就听听，立马就有劲了。"王云芳说。

人物故事六：

"博士妈妈"返乡创业惠乡邻

在岳西县，有一位返乡创业的"博士妈妈"通过电子商务推广销售山区农特产品。

"博士妈妈"余纯在鸡舍给山鸡喂食

余纯是土生土长的岳西人，北京大学医学部博士毕业，曾在广州当公务员。几年前在广州怀孕生子期间，余纯常吃从家乡带来的农特产品，意识到产自家乡绿水青山间的农特产品绿色健康、营养价值高，但由于缺欠产品推广渠道，这些农特产品市场知名度不高。余纯决定辞职返乡创业，通过电子商务推广销售优质农特产品。

2014 年，余纯创办了"博士妈妈"电商品牌，发展种植养殖基地，与农民合作社携手将大别山里的土鸡蛋、猕猴桃销往全国各地，带动山区贫困户脱贫创收。起初，父母很是不解：读了那么多年书，好不容易从大山走向了大都市，几年后又回来了。有着创业梦的余纯坚持了下来。刚开始的时候，由于管理不善，亏了不少钱，但是"博士妈妈"凭着专业和质量赢得了口碑，用执着和智慧拓展了销路，越来越多的农民合作社加入到创业队伍中。

如今，"博士妈妈"电商平台的农特产品年销售额达上千万元，公司还延长农特产品产业链，研发经营薏米粉、青汁粉等养生保健食品，带动数十位农民增收，成为岳西县电商示范企业。

人物故事七：

扶贫达人

从打工妹到扶贫达人，"80后"白领刘芳回乡发展农业，带领乡亲们脱了贫，走上了康庄大路。

刘芳正在讲解茶叶修剪技术

未曾清贫难成人。刘芳兄妹多，排行老大，十分懂事的她初中毕业后选择上了扶贫技校，学会电脑技术后，在江苏一家台资企业找到了工作。凭借大山人的吃苦耐劳与聪明智慧，刘芳赢得信任与肯定，从一名普通文员一直做到高级主管，薪资待遇也水涨船高。

刘芳婆家在田头乡，这里平均海拔七八百米，十分适合绿茶生长，清代顺治年间这里的闵山绿茶被选为贡茶。新时代，这里乡亲们守着"闵山贡茶"的金字招牌，却未能全面脱贫，刘芳看在眼里急在心上。2006 年，刘芳毅然辞去江苏的工作，回乡入股并担任农业公司董事长。

采茶、炒茶、包装、线上线下销售，刘芳与贫困户同吃同劳动。公司生产加工的农特产品质优价廉，产销两旺。土库村的胡兴旺因为母亲生病成了贫困户，被安排到公司上班后，年收入 5 万余元，当年就摘掉了贫困帽子。公司十几名贫困户，都实现了"一年脱贫、三年小康"的目标。

在家门口扶贫工厂上班的贫困户摘掉了贫困帽

　　为了让公司在市场保持竞争力，刘芳一面传承老字号"贡茶"，一面开发新产品，创建"四望山"品牌，在茶油、土特产上做文章。2018年，公司被评为岳西县旅游商品企业，其产品销售到全国20多个省市，产值数千万元，得到了市场和消费者的认可，"皇封闵山贡"牌茶叶被评为安徽省著名商标。如今，公司占地面积8000平方米，总资产900万元，辐射带动农业基地5000余亩。

　　刘芳还主动领衔创办了扶贫工厂，生产加工棉鞋。由于是代加工，除去工人工资，工厂几无利润。有人劝刘芳撤出，但她却说，这是一种社会责任，能带动贫困户就业，哪怕贴钱，也要把扶贫工厂办下去。目前，扶贫工厂帮助23户贫困户在家门口实现就业。

岳西在创新中奋进

听响鼓催征，迈奋发脚步；感东风拂面，奔万里征程。在新的岁月里，岳西人民将以习近平新时代中国特色社会主义思想为指引，不忘初心再出发，持续巩固脱贫成果，高质量推动经济发展，高标准推进乡村振兴，高品质加强城乡建设，勇当绿水青山与金山银山相统一的县域创新发展排头兵，顺应民意，加快民富，改善民生，把岳西建设成为集生态、创新、美丽、小康于一体的新岳西。

本固枝荣，叶茂花繁。岳西人民将按照习近平总书记重要指示精神，继续完成剩余贫困人口脱贫任务，做到摘帽不摘责任、摘帽不摘政策、摘帽不摘帮扶、摘帽不摘监管，深入推进"十大产业""十大工程""四带一自"产业扶贫，强化"三有一网"。用好大别山革命老区脱贫攻坚支持政策，推进基础设施和公共服务能力提升。注重"志智双扶"，推进"三新扶志"，逐步消除精神贫困。着力解决贫困边缘户发展难题，支持薄弱乡村和边远乡村"双基"建设，加快非贫困村的发展，实现与乡村振兴的统筹衔接。

中国要强，农业必须强；中国要富，农民必须富；中国要美，农村必须美；建设美丽中国，重在夯实乡村振兴基础。岳西人民将继续抢抓政策机遇，加快补齐农村基础设施短板，提档升级，促进城乡基础设施互联互通，让人民群众有更多实实在在的获得感、幸福感、安全感，打造乡村振兴岳西样板，为决胜全面建成"小康岳西"奠基。

希望的田野（冶溪镇石咀村）

生态好是岳西的最大特色、金字招牌，生态优势是岳西的最大优势、后发王牌。岳西人民将继续牢固树立和坚定践行"绿水青山就是金山银山"理念，坚持"生态立县"，推动形成绿色发展方式和生活方式，打造生态环境优美、农民安居乐业、人与自然和谐共生的生态宜居新家园。岳西人民将继续顺应群众向往自然、回归大自然的生活理念，依托岳西"境、禅、泉、产、红、俗"六大资源，建成以生态康养度假为核心的国家全域旅游示范区。做强做大旅游产业，打造大别山"仙谷"，建成一批高品质的乡村农家乐、乡村景观综合体、田园综合体，发展一批以观光、休闲、体验为主的"周末经济"；做优做大健康产业，打造大别山"康谷"，深入挖掘生态养生、体验旅游、有机食品、健康运动、禅宗文化和医药产业等资源潜力，着力构建以"养、医、制、健、食、智"六大板块为核心的大健康产业体系，把岳西建设成为名山养生胜地、养老康体福地、医药研制高地，打响"中国健康养生之乡"品牌，创成"两山"理论实践创新基地，构建宜居利居乐居、美景美物美情的"生态岳西"。

创新是不竭动力，唯有创新才能开辟更加美好的未来。岳西人民将继续卧薪尝胆、革故鼎新，牢牢把握高质量发展要求，以创新驱动，实现发展从"有没有"向"好不好"转变，不断增强创造力、竞争力和吸引力。大力培育提升乡村产业发展新动能，坚持质量兴农、绿色兴农、品牌强农，聚力发展精品茶、生态桑、高山菜、地道药、有机猪、特色果等主导产业，积极创建特色农产品优势区，培育农业强镇，打造一乡一业、一村一品发展格局；深入推进农业标准化、绿色化、优质化、特色化、品牌化发展，推动农业由增产导向转向提质导向。做强大数据产业，打造大别山"云谷"，努力建成安庆（岳西）大数据中心，建设"数字乡村"，加强农村新一代信息基础设施建设，积极发展智慧教育、智慧医疗、互联网社保等，提升乡村公共服务能力；打造创业平台，推动乡村大众创业万众创新，多渠道增加农民就业创

"中国美丽休闲乡村"岳西榆树村

业机会，实现更高质量和更充分就业，以三军击鼓之勇、破釜沉舟之势建设"创新岳西"。

有脚阳春，催绿色崛起；知时好雨，润万物无声。岳西人民将全力建成"县城、重点镇、特色镇、中心村庄、自然村庄"五级人居体系，打造红色之城、生态之城、宜居之城、通达之城，建成一批"产镇融合"的特色小镇，建设一批生态美、风貌美、环境美、风尚美和生活美"五美"同步推进的美丽乡村，建成一批立足乡土、富有地域特色、承载田园乡愁、体现现代文明的美丽版、升级版和增强版乡村振兴样板村。岳西人民将坚持以社会主义核心价值观为引领，以习近平新时代中国特色社会主义思想武装教育农村干部群众，以弘扬大别山革命精神、继承红色文化为核心，以乡村公共文化服务体系建设为载体，不断增强内生动力，培育文明乡风、良好家风、淳朴民风，建设邻里守望、诚信重礼、勤俭节约的文明乡村；坚持健全党委领导、政府负责、社会协同、公众参与、法治保障的现代乡村社会治理体制，推动乡村组织振兴，打造充满活力、和谐有序的善治乡村。打造来则使人神怡心旷、去则令人梦绕魂牵的"美丽岳西"。

辉煌铭史册，发展推新图。在党中央的坚强领导下，在省委省政府、市委市政府的关心支持下，岳西 40 万人民将以踏石留印、抓铁有痕的壮志雄心，创造一个碧水蓝天、别样康养的新岳西，产业兴旺、生机勃勃的新岳西，宜居宜游、保障有力的新岳西，生活富裕、人民幸福的新岳西！

本书编写组

2019 年 9 月

旭日东升